Karl Heinrich Koch

Die mittelrheinischen Handelsweine

Karl Heinrich Koch

Die mittelrheinischen Handelsweine

ISBN/EAN: 9783743389311

Hergestellt in Europa, USA, Kanada, Australien, Japan

Cover: Foto ©Lupo / pixelio.de

Manufactured and distributed by brebook publishing software (www.brebook.com)

Karl Heinrich Koch

Die mittelrheinischen Handelsweine

Die Mittelrheinischen Handelsweine

Taschenbuch für Rheinweinkäufer.

Von

Karl Heinrich Koch.

Mainz
Verlag des „Weinbau und Weinhandel" (Philipp v. Zabern)
1893.

Vorwort.

Das Ziel des Verfassers, ein handliches „Taschenbuch für Rheinweinkäufer" zu schaffen, machte eine Beschränkung des Stoffes auf das Nothwendige durchaus erforderlich. Für eingehendere Mittheilungen über Weinbau, Weinbereitung und Kellertechnik am Mittelrhein konnte in diesem Buche Platz nicht erübrigt werden, doch ist das Wichtige, das der Käufer in dieser Beziehung mit Recht zu seiner Orientirung darin suchen dürfte, in die Haupteinleitung „Mittelrheinischer Wein" und in die Spezialeinleitungen zu den vier Hauptgebieten Rheingau, Rheinhessen, Nahe und bayr. Pfalz aufgenommen worden.

Rheingau und Rheinhessen, welche je für sich ein geschlossenes Ganzes bilden, sind mit sämmtlichen Weinorten vertreten, dagegen sind in Rücksicht auf den Zweck des Buches im Nahegebiete und in der bayrischen Pfalz nur die für den Handel wichtigeren Produktionsorte besprochen worden, immerhin in einem Umfange, daß schwerlich eine Gemarkung vermißt werden wird.

Es sind im ganzen nicht weniger als 362 Weinorte, über welche das Buch Nachrichten bringt. Das Informationsmaterial wurde für 327 Orte von den betreffenden Bürgermeistereien beschafft, was die Authentizität der Nachrichten genügend gewährleisten dürfte, für den kleinen Rest von 35 Orten auf andere Weise. Von diesen 35 Orten entfallen 30 auf das Kapitel Rheinpfalz, 4 auf das Kapitel Nahegebiet und einer, Oberingelheim, auf das Kapitel Rheinhessen. In den beiden Kapiteln Rheinpfalz und Nahegebiet sind die betreffenden Orte durch einen Stern (*) gekennzeichnet.

Bei jenen Orten, für welche von den Bürgermeistereien die Gesammtweinbergsfläche und die in Ertrag stehenden Weinberge getrennt angegeben wurden, ist stets die Gesammtweinbergsfläche vermerkt worden.

Die notirten Durchschnittserträge erscheinen fast durchweg im Vergleich zu den faktischen Durchschnittserträgen der letzten 15 Jahre etwas hoch gegriffen. Man scheint überall den mittleren Ertrag der letzten 15 Jahre, welche allerdings theilweise quantitativ sehr wenig ergiebig waren, als den wahren Durchschnittsertrag nicht anzusehen.

Eine Rangirung der Weine vom Mittelrhein in der Weise, daß die Produktionsorte in gewisse Klassen eingetheilt werden, ist aus bekannten Gründen vom streng fachmännischen Standpunkte aus nicht wohl angängig. Immerhin darf der Käufer erwarten, daß dieses Buch für die einzelnen Orte Andeutungen bezüglich der Qualität der daselbst produzirten Weine enthalte. Es ist deswegen das Prinzip befolgt worden, nach der Preislage die kleineren Weine unter Mk. 500 mit kl; die angehenden Mittelweine von Mk. 500—750 mit klm; die Mittelweine von Mk. 750—1000 mit m; die Mittelweine bis mittelfeinen Weine von Mk. 1000—1500 mit m/mf; die mittelfeinen Weine von Mk. 1500—2000 mit mf; die feinen Weine von Mk. 2000—3000 mit f; die hochfeinen Weine über Mk. 3000 mit ff zu bezeichnen, wobei allerdings der besseren Uebersicht wegen für praktisch gehalten wurde, die Preisgrenzen je nach dem Landesbrauche des betreffenden Gebietes beim Verkaufe pro Stück von 1200 Liter oder pro Fuder von 1000 Liter gelten zu lassen. Für die Rangirung nach diesen Preislagen sind übrigens normale Geschäftsverhältnisse vorausgesetzt. Die ungewöhnlich hohen Preise für den 1892er konnten nicht zu Grunde gelegt werden. Diese Rangirung, die selbstverständlich überall nur als eine approximative angesehen werden kann, ist so durchgeführt worden, daß bei den einzelnen Produktionsorten mit den angegebenen Buchstaben die gebotene Auswahl an Wein markirt wurde.

Die Nothwendigkeit der Angabe der angebauten Traubensorten bedarf weiter keiner Begründung.

Soweit Nachrichten vorlagen, sind bei den einzelnen Orten die besseren Weinbergslagen notirt worden. Es ist von Vortheil, in dieser Beziehung orientirt zu sein, sowohl beim Most- und beim Weinkauf, als auch ganz besonders beim Traubenkauf. Selbstverständlich gilt die Markirung „Bessere Weinbergslagen" immer nur für den betreffenden einzelnen Ort. Ein Nebeneinanderstellen der besseren Weinbergslagen eines ganzen Gebietes liegt keineswegs vor.

Als Spezialkarte des mittelrheinischen Weinbaugebietes mit Angabe der Weinberge ist in erster Linie zu empfehlen: Uebersichtskarte der Provinz Rheinhessen nebst angrenzenden Theilen von Preußen und Bayern. Maaßstab 1:100000 — Verlag von Victor v. Zabern, Mainz. Diese Karte umfaßt nicht allein ganz Rheinhessen, sondern auch den ganzen Rheingau und fast das ganze Nahegebiet. Für das Haardtgebirge wären die betreffenden Sektionen der Karte des Deutschen Reiches im Maaßstabe 1:100000 (Generalstabskarte) zu empfehlen.

Mainz, Ende August 1893.

Koch.

Inhalts-Uebersicht.

	Seite
Vorwort	III
Rangirtabelle	VIII
Mittelrheinischer Wein	1
Das Rheingaugebiet	15
Die Weinorte des Rheingaugebietes	19
a) Rheingaukreis	19
b) Kreis Wiesbaden	24
Rheinhessen	28
Die Weinorte Rheinhessens	31
a) Kreis Mainz	31
b) „ Bingen	35
c) „ Oppenheim	42
d) „ Alzey	52
e) „ Worms	62
Das Nahegebiet	71
Die Weinorte des Nahegebietes	74
a) Kreis Kreuznach	74
b) „ Meisenheim	85
c) „ Pfalz	87
Rheinpfalz	93
Die Weinorte der Rheinpfalz	96
a) Haardtgebirge	96
b) Zellerthal	114
Alphabetisches Register sämmtl. bespr. Weinorte	117

Rangirtabelle.

Die Weine sind nach folgenden Abstufungen rangirt:

kl — Kleinere Weine	unter	ℳ	500
klm — Angehende Mittelweine	von	„	500— 750
m — Mittelweine	„	„	750—1000
m/mf — Mittelweine bis mittelfeine Weine	„	„	1000—1500
mf — Mittelfeine Weine	„	„	1500—2000
f — Feine Weine	„	„	2000—3000
ff — Hochfeine Weine	über	„	3000

pro Stück von 1200 Liter bezw. pro Fuder von 1000 Liter.

Es ist zu beachten, daß dieser Rangirung Preise bei normalen Geschäftsverhältnissen zu Grunde liegen.

Vgl. Vorwort.

Korrekturen:

Einzuschalten S. 36 Z. 4 von oben: mf; anzuhängen S. 43 Z. 5 von unten: mf; einzuschalten S. 77 Z. 12 von unten: mf.

Mittelrheinischer Wein.

Das Produktionsgebiet des mittelrheinischen Weines genau nach der geographischen Eintheilung des Rheinlaufes zu bestimmen, wäre nicht angängig. Die Geographen gliedern den Rheinlauf folgendermaßen: Oberrhein bis Mainz; Mittelrhein von Mainz bis Bonn; Niederrhein von Bonn bis ans Meer. Würde die Bestimmung des Produktionsgebietes des mittelrheinischen Weines nach den gleichen geographischen Anhaltspunkten erfolgen, so würde sich ergeben, daß sämmtliche unterhalb Mainz am Rhein wachsenden Weine als mittelrheinische und sämmtliche oberhalb Mainz am Rhein oder in der Nähe des Rheines wachsenden Weine als oberrheinische anzusehen wären. Wer zählt aber die rheinhessischen Weine zu den oberrheinischen? Und wer möchte den rheinpfälzischen Weinen die Zugehörigkeit zur mittelrheinischen Weinfamilie absprechen?

Man muß die Gebräuche des Handels zu Rathe ziehen, wenn man das Gebiet des mittelrheinischen Weines abgrenzen will. Nach ihnen gibt vom Rhein nicht etwa ein Theil der im allgemeinen süd-nördlichen Stromrichtung, sondern die kleine Strecke zwischen Mainz und Bingen mit ost-westlicher Stromrichtung — jene Strecke zwischen den zwei bekannten auffallenden Knieen des Stromlaufes auf der Landkarte — das geographische Merkmal. Der

Wein, der nördlich von dieser kleinen Stromstrecke bis zum Rheingaugebirge, d. h. im Rheingau, und der südlich von derselben bis zur elsaß-lothringischen Grenze, d. h. in Rheinhessen, im Nahegebiete und in der bayrischen Pfalz wächst, ist „mittelrheinischer Wein." Das schließt nicht aus, daß im weiteren Sinne das mittelrheinische Produktionsgebiet östlich von Rheinhessen noch etwas über den Rhein hinüberreicht und rheinabwärts noch eine Strecke den Stromlauf begleitet, aber für den Handel haben diese Anhängsel des Gebietes keine besondere Bedeutung.

Das Produktionsgebiet des mittelrheinischen Weines läßt sich deswegen im wesentlichen nach obiger Abgrenzung eintheilen in:

    I. **Rheingaugebiet**
   II. **Rheinhessen**
  III. **Nahegebiet**
  IV. **Rheinpfalz**.

Klein an Umfang im Verhältniß zu den übrigen rheinischen und anderen deutschen Weinbaubezirken ist dieses Produktionsgebiet nicht nur wegen seiner geographischen Lage, sondern auch wegen der Quantität und der Qualität des Weines der Kern des ganzen deutschen Weinbaues. Hier wächst etwa ein Drittel sämmtlicher deutschen Weine und, was noch eine Hauptsache ist, durchaus in marktfähiger Waare. Von hier werden die Keller des gesammten deutschen Weinhandels mit Rheinweinen alimentirt, und der in früheren Zeiten sehr enge, allmählich aber sich erweiternde Begriff Rheinwein erstreckt sich unverkennbar immer mehr über die ganzen mittelrheinischen Weine, wenn auch thatsächlich noch — besonders bei strenger fachmännischer Klassifizirung — für einzelne Bezirke, wie z. B. die Haardt, Spezialbenennungen im Gebrauche sind. Für das große Publikum ist bereits heute „mittelrheinischer Wein" gleichbedeutend mit „Rheinwein."

Im mittelrheinischen Produktionsgebiet finden sich jene Weinbaustätten zusammengedrängt, von welchen die heute in der ganzen Welt bekannten Weinmarken stammen wie Dürkheimer, Ungsteiner, Wachenheimer, Deidesheimer, Forster, Laubenheimer, Bodenheimer, Niersteiner, Oppenheimer, Liebfraumilch, Scharlachberger, Rauenthaler, Erbacher, Geisenheimer, Rüdesheimer, Marcobrunner, Johannisberger, Steinberger u. a. für Weißweine und Ingelheimer und Aßmannshäuser für Rothweine. Es wächst daselbst das ganze Heer von Rheinweinen in ununterbrochener Stufenfolge in den Preisen ansteigend von häufig nur Mk. 300.— pro Stück von 1200 Liter bei den sogenannten kleinen Weinen bis zu Mk. 30 000.— und höher pro Stück von 1200 Liter bei den edlen Auslesen. Kein anderes Fleckchen Erde bietet eine gleiche Auswahl an Weinen.

Der mittelrheinische Weinbau ist uralt. Die ersten Anfänge desselben werden ohne Zweifel in der römischen Kaiserzeit zu suchen sein, aber es liegen Urkunden darüber nicht vor. Vermuthlich ging jedoch der Weinbau von damals, als die römische Herrschaft am Rhein zusammenbrach und die Stürme der Völkerwanderung auch das mittelrheinische Land verwüsteten, zu Grunde. Allein bereits in der Frankenzeit lebte die Kultur der Rebe wieder auf und verbreitete sich so schnell, daß in einer ganzen Reihe mittelrheinischer Gemarkungen Weinbau schon vor der Zeit Karl's des Großen urkundlich nachweisbar bestand.

Seit jener Zeit blieb der Weinbau am Mittelrhein ununterbrochen im Gange und er gelangte bald zu Ehre und Ansehen, so daß schon im Mittelalter die Rheinweine als die besten deutschen Weine angesehen wurden. Dank dem Geschick und dem unermüdlichen Fleiße der rheinischen Winzer ist der alte Ruf der Rheinweine bis auf den heutigen Tag fort und fort gewachsen. Wohl so ziemlich alle wesentlichen Verbesserungen im Bau der Weinberge und in der Weinbereitung sind am Mittelrhein entdeckt und daselbst zuerst praktisch so mustergiltig zur Anwendung gebracht worden, daß sie das Vorbild gaben für andere deutsche Weinbaudistrikte, in welchen ebenfalls auf Qualitätsbau gehalten wird. Wahrscheinlich ist z. B. die streng gerade Zeilung der Weinberge ebenso mittelrheinischen Ursprungs wie das später nachgefolgte günstige Einrichten der Zeilen gegen die Mittagssonne. Sicher ist ferner, daß schon im vorigen Jahrhundert am Mittelrhein Auslesen gemacht wurden und daß daselbst etwa vor 70 Jahren der Werth der sogenannten „edelfaulen" Trauben bezw. Beeren für die Bereitung hochedler Ausleseweine erkannt und ausgenutzt wurde, indem das nirgendwoanders in gleichem Umfange praktizirte Prinzip der Spätlese aufgestellt wurde, bei welcher es sich darum handelt für geeignete Jahrgänge einer möglichst großen Menge Trauben Gelegenheit zu geben, den Zustand der Edelfäule zu erreichen, der bekanntlich verursacht wird durch die Wucherung eines kleinen Pilzes (**Botrytis cinerea**) in der edelreifen Beere. Der Mittelrhein ist aber nicht blos die Heimath der eigentlichen Spätlese mit dem bestimmten soeben angegebenen Zwecke, sondern auch die Heimath einer allgemeinen späten Lese, bei welcher man das Herbsten der Kreszenz hinausschiebt, so lange nur die Beschaffenheit der Rebenblätter und der Zustand der Trauben eine Verbesserung der Qualität versprechen. Die jährlichen Herbstberichte beweisen, daß der Mittelrhein mit dem allgemeinen Einheimsen der Trauben später — oft wesentlich später — beginnt als die übrigen deutschen Weinbaugebiete.

Der bei weitem größte Theil der mittelrheinischen Weine wird auf hügeligem Boden gebaut, auf dem begreiflicher Weise die nach Süden abfallenden Weinbergslagen die bestgelegenen sind. Es gibt aber auch in größerer Anzahl Weinberge mit südwestlicher bezw. südöstlicher und fast östlicher Exposition, welche ein ganz vorzügliches Produkt liefern. Die mittelrheinischen Weine sind also der bedeutend überwiegenden Mehrzahl nach Bergweine. Nur in der bayrischen Pfalz am Haardtgebirge wird im Vorlande der Weinhügel auch in ebenen Lagen die Rebe kultivirt und in Rheinhessen finden sich in der Oppenheimer Gegend in der Ebene Weingärten, deren Produkt übrigens auch als Gartenwein bezeichnet wird. Aber überall, sei es auf den Hügeln oder sei es in der Ebene, wird die Rebe in geschlossenen Weinbergen bezw. geschlossenen Weingärten angebaut.

Bekanntlich ist es immer ein Merkmal für eine richtige Entwickelung der Rebenkultur, wenn der Winzer es verstanden hat, die für das lokale Klima und die örtlichen Bodenverhältnisse passenden Rebensorten auszusuchen und sich im wesentlichen auf deren Bau zu beschränken. In dieser Beziehung steht der Weinbau am Mittelrhein auf hoher Stufe. Es sind nicht mehr als zwei Rebensorten, welchen die mittelrheinischen Weißweine ihr Gepräge verdanken: der Riesling und der Oesterreicher oder Sylvaner. Der Riesling gehört zu den harten Bouquettrauben und ist seit alter Zeit am Rhein zu Hause. Er reift spät, gibt aber in guten Jahren die besten Weine. Er wird vorzugsweise im Rheingau angebaut. Die Rieslingweine überragen alle anderen durch ihre Race und durch ihr Bouquet.

Der Oesterreicher gehört zu den weichen Traubensorten, ist erst später am Mittelrhein eingeführt worden — man weiß nicht recht woher — und hat sich daselbst vorzüglich akklimatisirt. Er reift früher als der Riesling und wird weniger im Rheingau, aber hervorragend im übrigen mittelrheinischen Weinbaulande angebaut. Der Wein aus Oesterreicher Trauben, welche an der Haardt auch Franken genannt werden, zeichnet sich durch elegante Fülle und ausdauernde Frische aus. Beide Sorten werden sowohl in reinem Satz als auch mit einander gemischt gebaut.

Der mittelrheinische Rothwein der besseren Lagen wird aus einer einzigen Traubensorte, dem Spätburgunder (Clevner, Spätroth, Klebroth) gewonnen, während die übrigens nur wenig produzirten geringeren Rothweine aus der Sorte Portugieser oder aus Portugieser und Burgunder zusammen gekeltert werden.

Die Frühburgundertraube wird am Mittelrhein nicht zu dem Zwecke der Stillweinbereitung, sondern zur Claretgewinnung für die Schaumweinfabrikation angebaut. Ihre Kultur ist gegenwärtig noch in Ausdehnung begriffen, besonders auf sandigem Boden, der bisher zur Rebenkultur nicht benutzt wurde.

Außer genannten Rebensorten finden am Mittelrhein noch etliche andere in geringer Menge Verwendung. Sie werden entweder zur Erreichung eines Spezialzieles oder als Reste früherer Kulturen oder als neue Versuche angebaut, doch herrscht keine einzige derselben vor und sie werden gewöhnlich nur in gemischtem Satz mit den genannten Hauptsorten kultivirt. Sie finden in den folgenden Kapiteln dieses Buches bei den einzelnen Ortschaften Erwähnung.

Auf der nördlichen Hälfte der Erdkugel liegt die Weinbauzone zwischen dem 52. und dem 30. Breitegrade. Der

50. Breitegrad durchschneidet, Mainz berührend, das mittelrheinische Weinbaugebiet, das sich also in der Nachbarschaft der nördlichen Grenze des Weinstockes befindet. Daraus geht hervor, daß sich die Rebenkultur am Mittelrhein besonders günstiger klimatischer Verhältnisse nicht erfreut. Die Hand des Winzers muß der Natur mit verständiger Pflege der Rebe und mit verständiger Weinbereitung zu Hülfe kommen. Es ist fast wunderbar, daß es gelingt, der Natur Weine abzutrotzen, welche in langjährigem Durchschnitt gerechnet an Qualität zu etwa einem Drittel geringe Jahrgänge, zu einem Drittel mittelgute Jahrgänge und zu einem Drittel gute Jahrgänge sind, und daß unter das letzte Drittel sich Hauptjahrgänge vertheilen, welche so kostbare Weine liefern, wie sie edler auf dem ganzen Erdenrund nicht getroffen werden. Der Winzer unterstützt im wesentlichen die Natur durch sorgfältigste Bodenbearbeitung, durch niedrige Zucht und rationellen Schnitt der Rebe und durch späte aufmerksame Lese.

Abgesehen von den Frühburgundertrauben, welche etwa vier Wochen vor den anderen Traubensorten reifen und dementsprechend früher geherbstet werden, was wegen ihrer Spezialverwendung zur Claretbereitung ein apartes Herbstgeschäft für sich ist, fällt die Lese am Mittelrhein gewöhnlich in die Zeit von Mitte October bis Mitte November, doch können besondere Umstände hie und da auch eine etwas frühere Lese bedingen. Der sogenannte Herbstzwang ist allgemein eingeführt. Darunter ist zu verstehen, daß vom Beginn der Traubenreife an die Weinberge einer Gemarkung geschlossen, d. h. unter den gemeinsamen Schutz der Gemeinde genommen werden und nicht eher zur Lese geöffnet werden, bis nach dem Beschluß der Gemeinde mit solcher begonnen werden kann. Diese Maßregel, hauptsächlich ergriffen zum

Schutze der Trauben gegen Diebstahl und gegen die Gefräßigkeit der Vögel, gewährleistet bei rationeller Handhabung eine gewisse Qualität des Weines der betreffenden Gemarkung, weil eine zu frühe Lese seitens einzelner Winzer nicht möglich ist.

Traubenkäufe am Stock kommen am Mittelrhein nicht häufig vor. Dagegen ist der Traubenverkauf nach Gewicht oder auch nach Maß schon mehr gebräuchlich. Besonders werden in dieser Weise die Frühburgundertrauben gehandelt, welche zur Claretgewinnung einer besonderen Behandlung bedürfen. Claret wird am Rhein der aus rothen Trauben weiß gekelterte Wein genannt, der mit Vorliebe von den Schaumweinkellereien gekauft wird. Für diesen Zweck werden die rothen Trauben nicht eingemaischt, sondern unzerquetscht zur Kelter gebracht und so schnell als möglich abgekeltert.

Auch Mostkäufe sind im Herbst gebräuchlich, doch wird das bei weitem größte Quantum der mittelrheinischen Kreszenz vom Winzer selbst eingekellert, um früher oder später als Wein abgesetzt zu werden. Am Mittelrhein ist der Winzer meistens auf die Lagerung von Wein eingerichtet und er hat nicht allein den Weinbau sondern auch die Weinbereitung in der Hand. Ebenso wie der Weinbau, so steht daselbst auch die Weinbereitung auf hoher Stufe. Sie erfolgt im allgemeinen nach bewährter Tradition, doch ist der mittelrheinische Winzer Neuerungen in der Weinbereitung nicht unzugänglich, wenn auch wie bei allen Ackerbauern so ebenfalls bei ihm das konservative Element in seinen Gewohnheiten vorherrscht.

Die Weißweinbereitung wickelt sich gewöhnlich nach folgenden Grundsätzen ab. Die gelesenen Trauben werden sofort eingemaischt, was meistens durch Traubenmühlen, hie und da auch durch Stampfen bewirkt wird. Die Maische bleibt ein bis zwei Tage stehen, mitunter auch, bis die ersten Spuren der Gährung sich zeigen, und wird dann abgekeltert. Der Most wird im Keller in Fässern, welche nur gährvoll gemacht werden, gelagert und der freiwilligen Gährung überlassen, welche gewöhnlich schnell eintritt und auch schnell verläuft. Der Most macht also eine geschlossene Gährung durch. Einige Zeit nach Beendigung der stürmischen Gährung werden die Fässer aufgefüllt und dann läßt man den Wein auf der Hefe bis zur Zeit des Jahreswechsels liegen. Nun wird das Ablassen von der Hefe, der erste Abstich, vorgenommen, dem im Frühjahre noch ein zweiter Abstich folgt. Nach dem Sommer pflegt man dem Weine einen dritten Abstich zu geben. Bleibt der Wein noch länger im Keller des Winzers lagern, so wird der Winzer mit dem Abstechen sparsamer und sparsamer, doch läßt er es gewöhnlich nicht ganz daran fehlen.

Bei der Rothweinbereitung ist weder eine Mostgährung noch eine geschlossene Gährung in Anwendung. Da der rothe Farbstoff nicht im Traubensafte, sondern in den Beerenhülsen steckt, so ist eine Maischegährung nothwendig, damit der Farbstoff während der Gährung aus den Beerenhülsen extrahirt werde. Man läßt also die eingemaischten rothen Trauben, nachdem sie bei vorsichtiger Weinbereitung vorher entrappt wurden, in offenen Gährständern vergähren, wobei der sich oben bildende sogenannte Hut mehrmals am Tage untergestoßen wird oder wobei durch Anwendung eines Senkbodens die Bildung des Hutes verhindert wird. Nach Beendigung der stürmischen Gährung läßt man den Wein noch kurze Zeit stehen und keltert nun erst ab. Auch der Rothwein wird dann weiter mit Abstichen behandelt.

Die ganze Weinbehandlung am Mittelrhein erstreckt sich auf die Unterstützung der natürlichen Entwickelung durch

Abstiche. Zu forcirter Behandlung, welche nur ausnahms= weise vorkommt, neigt der Winzer im allgemeinen nicht. Die mittelrheinischen Weine gehen also gewöhnlich, so weit sie nicht gezuckert sind, selbst dann, wenn sie längere Zeit beim Winzer auf Lager bleiben, in gewissermaßen jung= fräulichem Zustande aus der Hand des Winzers in die des Händlers über.

Was das Zuckern des Weines anbetrifft, so wird solches im Rheingau so gut wie gar nicht vom Winzer ausgeführt, in den übrigen Bezirken des Mittelrheines bei mangelhaften Jahrgängen zwar auch nicht überall, aber doch häufig an= gewendet. Die Zeiten, in welchen Stärkezucker für den Handelswein verwendet wurde, sind wohl vorüber. Unreiner Stärkezucker darf nach dem neuen Weingesetze für den Handelswein überhaupt nicht mehr gebraucht werden. Man bedient sich des reinen Rohr= oder Rübenzuckers für den Wein, der verkauft werden soll, und macht hie und da wohl noch Gebrauch von Stärkezucker für die Herstellung eines Haustrunkes. Der Winzer gibt auf Befragen Auskunft, ob und in welcher Weise er gezuckert hat.

Die mittelrheinischen Weine sind im allgemeinen von sehr gesunder Konstitution und großer Haltbarkeit. Krank= heiten unterliegen die Weine nur selten. Immerhin findet man Weine, welche zum Rohnwerden und Weine, welche zum Langwerden neigen. Beiden Krankheiten weiß der verständige Kellermeister schon zu begegnen. Freilich entwickelt sich Kahn (Kahm, Kuhnen) leicht auf der Oberfläche, wenn die Weine länger in Anbruch liegen, was bei geordneter Kellerwirth= schaft nicht vorkommen soll. Uebrigens leidet die Qualität der mittelrheinischen Weine durch Kahn im allgemeinen nur wenig Noth, ein Umstand, der freilich Lässigkeit in der Verhinderung der Kahnentwickelung keineswegs entschuldigt.

Gehandelt werden meistens die mittelrheinischen Weine im Rheingau pro Stück von 1200 Liter ohne Faß oder auch pro Stück von annähernd 1200 Liter je nach der Größe des betreffenden Fasses mit Faß, bezw. pro Halbstück von 600 Liter ohne Faß oder von ca. 600 Liter mit Faß; in Rheinhessen und im Nahegebiete pro Stück von 1200 Liter, bezw. pro Halbstück von 600 Liter ohne Faß; in der bayrischen Pfalz pro Fuder von 1000 Liter ohne Faß. Hie und da bestehen auch noch besondere Ortsgebräuche, nach welchen pro Ohm oder pro 100 Liter oder pro 50 Liter verkauft wird. Der Großproduzent pflegt seine Weine im Wege der Versteigerung an den Markt zu bringen, während der kleinere Winzer freihändig verkauft. Die Hauptversteigerungssaison fällt in die Monate März, April und Mai, der sich eine weniger bedeutende Nachsaison im September, mitunter auch noch später, anschließt. Der freihändige Verkauf wickelt sich während des ganzen Jahres ab, erlahmt aber in der Regel etwas für die Zeit der Hauptversteigerungssaison und der Sommermonate. Gewöhnlich ist die Zeit kurz vor dem ersten Abstich, wenn nach beendigter Hauptgährung die Weine sich so weit gehellt haben, daß sie von der Hefe abgelassen werden können, günstig zum Einkaufe der neuen Kreszenz.

Der kleinere Winzer verkauft stets nur gegen baar, während der Großproduzent unter Umständen wegen Kreditgeben mit sich verhandeln läßt. Der allgemeine Brauch ist also der, daß beim Bezuge, welcher, falls nicht andere Bedingungen ausgehandelt sind, gewöhnlich binnen 6 Wochen nach Abschluß des Kaufes zu erfolgen hat, der Wein baar zu bezahlen ist. Inbezug auf das Tragen der Bezugsspesen sind die Gebräuche sehr verschieden. Am liebsten verkauft der Winzer loco Keller und bei den besseren Weinen ist gewöhnlich nicht zu anderer Bedingung zu handeln. Bei den kleineren Weinen kann man häufig das Laden auf den Wagen vor dem Keller oder das Liefern zur nächsten Eisenbahnstation aushandeln. Darüber hinaus geht der Winzer aber nie. Das Vorlegen von Bezugsfässern, das der Winzer ebenfalls nie übernimmt, ist Sache des Käufers.

Die Preise der mittelrheinischen Weine sind für die einzelne Gemarkung je nach der Qualität der Jahrgänge und je nach der allgemeinen Geschäftslage verschieden. Die allgemeine Geschäftslage pflegt aber gewöhnlich nur zu jener Zeit auf die Preise Einfluß zu haben, wenn die neue Kreszenz an den Markt kommt, und die neuen Weine, für welche sich die Preise erst zu bilden haben, verspüren diesen Einfluß mehr als die alten Bestände. In der Zwischenzeit zeigen die Preise eine gewisse Stabilität oder je nach den Herbstaussichten eine steigende oder fallende Tendenz, doch sind mit Ausnahme der Preissteigerungen, welche infolge von allgemeinen bedeutenden Frühjahrsfrostschäden eintreten können, eigentliche Preisschwankungen ausgeschlossen. Die Preise differiren auch je nach dem Rufe der betreffenden Gemarkungen und nach dem Ansehen der betreffenden Weinbergslagen oder der betreffenden Produzenten der einzelnen Gemarkung. Allgemein als gültig angesehene Marktpreise etabliren sich nicht am Mittelrhein, wo man inbezug auf Rangirung der Qualitäten sehr feine Unterschiede zu machen versteht, und wo jeder Wein, auch der kleine, nach seiner Qualität bezahlt wird. Dagegen bilden sich für die einzelnen Jahrgänge der Orte mit kleineren Weinen und zum Theil auch der Orte mit besseren Weinen Durchschnittspreise, welche aber weiter nichts bieten als einen Anhaltspunkt zur Beurtheilung des Werthes eines einzelnen Weines, der eben doch noch ganz für sich taxirt sein will.

Zweckmäßiger Einkauf direkt beim Produzenten am Mittelrhein ist keine leichte Sache. Kenntniß der lokalen Verhältnisse und der allgemeinen Geschäftslage, sowie eine gute, zuverlässige Probe sind dabei unerläßlich. In erster Beziehung muß sich der Käufer meistens auf den Rath der am Mittelrhein in großer Anzahl thätigen Weinmakler verlassen, aber in den anderen Beziehungen ist er häufig mehr auf sich angewiesen. Das Geschäft des Weinmaklers am Mittelrhein ist ein durchaus freies, das Jeder betreiben kann, der für wenige Pfennige das betreffende Gewerbepatent erwirbt. Berufene und Unberufene drängen sich in diesem am Mittelrhein ganz außerordentlich wichtigen Geschäftszweige zusammen. Der Horizont der Ortsmakler geht gewöhnlich nicht über die heimische Gemarkung hinaus und irgendwelche Fachkenntnisse sucht man bei ihnen in der Regel vergebens. Es finden sich aber auch über das ganze mittelrheinische Produktionsgebiet vertheilt jene echten Weinmakler, die mit einem weiteren geschäftlichen Blicke gediegene Fachkenntnisse und eine tüchtige Probe vereinen. Der Käufer, der unter ihrer Aegide am Mittelrhein auf die Suche geht nach Wein, ist in guten Händen. Es kommt nur darauf an, diese gewiegten Leute aufzufinden. Das ist freilich auch nicht Jedermanns Sache und besonders schwierig ist es für jene Käufer, welche nicht im Weinlande selbst wohnen. Daraus erklärt sich, daß die auswärtigen Käufer meistens vorziehen, beim mittelrheinischen Großhandel zu kaufen. Und in der That, sie sind auch hier in guten Händen. Der mittelrheinische Großhandel in Wein wird von Alters her nicht allein mit umfassender Sachkenntniß sondern auch mit bedeutenden Kapitalien betrieben. Er versteht sowohl seine genaue Bekanntschaft mit den lokalen Verhältnissen als auch günstige Einkaufskonjunkturen dergestalt auszunützen, daß er zu jeder Zeit, gestützt auf großes Lager, mit der Produktion direkt in Konkurrenz tritt.

Es gibt nur einen Rheinwein in der Welt! Aber er ist deswegen nicht konkurrenzfrei. Je mehr der mittelrheinische Weinbau mit ungünstigen Erträgen zu kämpfen hat, desto empfindlicher wird für den mittelrheinischen Weinhandel die fremde Konkurrenz. Gegenwärtig scheint eine schlimme Periode zu Ende zu gehen. Seit 1868 hat es am Rhein keinen Hauptwein mehr gegeben. Aber in dem Augenblick, in welchem diese Worte niedergeschrieben werden — August 1893 —, wird am Rhein bereits neuer Wein gezapft, Federweißer von Frühburgundertrauben, und sämmtliche Weinberge sind bereits geschlossen, so früh wie seit Menschengedenken nicht. Mögen die Hoffnungen der Winzer und Händler keine trügerischen sein und möge ein 1893r Hauptwein dem alten Ruhme der Rheinweine neuen Glanz verleihen!

Das Rheingaugebiet.

Die Abgrenzung des Rheingaues in weinbaulicher Beziehung ist ähnlich wie die Bestimmung des Produktionsgebietes des mittelrheinischen Weines eine Sache für sich. Auch hier sind weniger die geographischen und historischen Anhaltspunkte bezw. die Grenzen von Verwaltungsbezirken entscheidend als die Handelsgebräuche.

Der historische Begriff Rheingau deckt sich ungefähr mit der neuzeitlichen Abgrenzung des Rheingaukreises, welcher sämmtliche Weinberge des rechten Rheinufers zwischen Walluf und Lorchhausen umfaßt und welcher vom eingeborenen Rheingauer noch eingetheilt wird in den oberen und den unteren Rheingau, eine Eintheilung, der andere Bedeutung als lokale Eigenthümlichkeit übrigens nicht zukommt. Der Rheingauer Bürger zählt die außerhalb des alten Rheingaues wachsenden Weine nicht zu den Rheingauern und er mag von seinem lokalpatriotischen Standpunkt aus recht haben, aber der Handel will von solchen Beschränkungen nichts wissen. Er rechnet außer den nahe der östlichen Grenze des alten Rheingaues wachsenden Weinen sogar noch den Wein aus den nach dem Maine hin sich abdachenden Weinhügeln von Hochheim zu den Rheingauern und auch er hat recht, diesem Weine, der in

Qualität mit dem Rheingauer im engeren Sinne rivalisirt und der in England dem ganzen Rheinweine den Namen gegeben, solchen Platz anzuweisen. In England ist bekanntlich der Sammelname für Rheinwein „Hock," welches Wort von der Weinmarke Hochheim stammt.

Müssen deswegen diese Weine nach allgemeinem Handelsbrauche zu den Rheingauern gezählt werden, so braucht das darum von den Weinen aus dem Hinterlande von Hochheim nicht zu gelten und diese machen in der That auch darauf keinen Anspruch. Immerhin ist das Hinterland von Hochheim von diesem Orte wieder nicht zu trennen und ist anders als ein Anhängsel vom Rheingau weinbaulich nicht gut unterzubringen. Die Rheingauer und die benachbarten Weingemarkungen sind gelegen in den Kreisen

I. Rheingaukreis
II. Kreis Wiesbaden

und werden weiter unten nach dieser Eintheilung in alphabetischer Reihenfolge aufgezählt. Streng genommen zählen auch die Gemarkungen Kostheim und Kastel zum Hochheimer Gebiet. Da sie aber politisch zu Rheinhessen gehören, so sind sie unter die Gemarkungen des Kreises Mainz aufgenommen worden.

Der eigentliche Rheingau ist ein landschaftlich durch das Rheingaugebirge und dem Rheinstrom abgeschlossenes nicht großes Gebiet. Aber der Weinbau ist auf dem vom Rhein aus sanft ansteigenden hügeligen Vorlande des Gebirges bedeutend. Hier ist das alte Vaterland des Rheinweines, der von hier aus seinen Eroberungszug durch die ganze Welt begann. Nicht nur eine Reihe von Ortsnamen des Rheingaues sondern auch die Namen mancher Weinbergslagen sind zu Weinmarken von kosmopolitischem Ansehen geworden. Wer kennt nicht die Etiquetten Rauenthaler, Geisenheimer, Rüdesheimer, Marcobrunner, Schloß Johannisberger, Steinberger u. s. w.?

Der Rheingau produzirt die ersten Weißweine der Welt. Der Rothweinbau daselbst ist an Umfang unbedeutend, aber die Qualität des rothen Aßmannshäuser hat Weltruf und diesem edlen Rothweine ist der Platz neben seinen berühmten weißen Landsleuten nicht streitig zu machen.

Der Rheingau ist auch das Produktionsland der „Cabinetsweine." Schon seit langer Zeit bestand der Brauch, hochfeinen Rheingauer Weinen das Prädikat „Cabinetswein" beizulegen, obgleich Niemand im Stande war, die Erfordernisse zur Berechtigung, dieses Prädikat zu führen, zu präzisiren. Erst seit einigen Jahren hat der Begriff „Cabinetswein" eine offizielle Definition dadurch erfahren, daß die preußische Domäne denjenigen Weinen ihrer eigenen Produktion, welche mit Mk. 3600 pro Stück, bezw. Mk. 1800 pro Halbstück für Weißwein und Mk. 1000 pro Viertelstück für rothen Aßmannshäuser oder höher bezahlt werden, das Recht auf das Prädikat „Cabinetswein" zugesteht.

Etwa zwei Drittel des ganzen Rheingauer Weingeländes sind mit Rieslingreben bestockt, jener Rebensorte, welcher unter sämmtlichen weißen Sorten der erste Platz gebührt und welche in den besten Lagen in vollständig reinem Satz angebaut wird. An Aroma und Bouquet kann keine andere Sorte sich mit dieser messen, die ihre Tugenden gerade im Rheingau zur höchsten Entfaltung bringt. Aus edelfaulen Rieslingtrauben werden daselbst jene berühmten Ausleseweine gekeltert, welche in öffentlicher Versteigerung mit beispiellos hohen Preisen bezahlt werden. Zwar behaupten sehr feine Kenner, daß die edle Rieslingart bei jenen Weinen, welche aus edelreifen, also noch nicht edelfaul gewordenen Trauben gekeltert werden, am feinsten hervortritt, und daß die aus edelfaulen Trauben gewonnenen Weine am Rieslingcharakter Einbuße erfahren, weil eine Sherry-Nüance bemerkbar wird, aber es ist Thatsache, daß diese letzteren Weine vom kaufenden Publikum höher geschätzt und deswegen besser bezahlt werden.

Welch' enorme Preise schon in früheren Zeiten für feine Rheingauer Weine angelegt wurden, beweisen einige Verkäufe von 1822er Schloß Johannisberger Weinen. Das Schloß Johannisberg erlöste:

im Jahre	1825	für	1	Stück 1822r	6 500	Gulden
"	"	"	1	" do.	7 160	"
"	1830	"	1	" do.	9 100	"
"	1832	"	1	" do.	12 500	"

das Stück zu 1200 Liter. Die besten Schloß Johannisberger Auslesen von 1859, 1861 und 1862 wurden zu 20 Gulden pro Flasche verkauft.

Aus der Neuzeit sind die Preise der preußischen Domäne von Interesse. Für die 1884r Domanialweine, welche im Frühjahre 1889 zur Versteigerung kamen, wurden folgende Durchschnittspreise erzielt:

1884r Hochheimer	5 368	Mark	
" Hattenheimer	6 473	"	pro Stück
" Gräfenberger	11 800	"	von ca.
" Marcobrunner	12 100	"	1200 Liter
" Steinberger	12 176	"	

Die bis jetzt erlösten höchsten Preise für Domanialweine waren diese:

1887	1884r Marcobrunner	Auslese	23 980	Mark	
1888	1868r do.	do.	23 640	"	pro Stück à 1200 Lit.
	1868r Gräfenberger	do.	25 020	"	
1889	1884r Steinberger	do.	33 460	"	

Zwischen diesen Kolossalpreisen und d. n Mk. 750, für welche man schon ein Stück Rheingauer Wein kaufen kann, ist gewiß viel Spielraum. Aber der Rheingau bietet Wein in allen Preislagen und er vermag in seiner Auswahl die Zwischenstufen zu besetzen.

Der Weinbergsbesitz im Rheingau ist sehr parzellirt. Selbst die größeren Güter haben ihre Weinberge meistens in verschiedenen Gemarkungen. Der geschlossene Domanialweinberg „Steinberg", zur Gemarkung Hattenheim gehörig, umfaßt ca. 26 Hektar und ist ein Unikum am ganzen Rhein. Etwa ein Viertel des ganzen rheingauischen Weingeländes entfällt auf die größeren Güter von 5 oder mehr als 5 Hektaren, während der Rest sich auf die kleineren Produzenten vertheilt.

Die Weinorte des Rheingaugebietes.

a) Rheingaukreis.

Assmannshausen, Eisenbahnstation der Linie Frankfurt—Coblenz.

Weinberge: ca. 68 Hektar mit einem Durchschnittsertrage von ca. 60—70 Stück **Rothwein** — mf; f; ff — und ca. 120 Stück **Weißwein** — klm; m.

Traubensorten: Spätburgunder; etwas Riesling, Orleans, Kleinberger, Oesterreicher.

Bessere Weinbergslagen: Hinterkirch, Steil, Höllenberg, Frankenthal.

Aulhausen, verkehrt mit der Eisenbahnstation Aßmannshausen der Linie Frankfurt—Coblenz.

Weinberge: ca. 8 Hektar mit einem Durchschnittsertrage von 12—15 Stück **Weißwein** — m; m/mf.

Traubensorten: Riesling, Oesterreicher, Orleans, Kleinberger, Fleischtrauben.

Bessere Weinbergslagen: Kaisersteinfels, Dell.

Eibingen, verkehrt mit der Eisenbahnstation Rüdesheim der Linie Frankfurt—Coblenz.

Weinberge: ca. 90 Hektar mit einem Durchschnittsertrage von 150 Stück **Weißwein** — m; m/mf; mf.

Traubensorten: Riesling, Oesterreicher, Kleinberger.

Bessere Weinbergslagen: Wüst, Lay, Flecht.

Eltville, Eisenbahnstation der Linie Frankfurt—Coblenz.

Weinberge: ca. 164 Hektar mit einem Durchschnittsertrage von 280 — 300 Stück **Weißwein** — m/mf; mf; f; ff.

Traubensorten: Meistens Riesling; etwas Oesterreicher.

Bessere Weinbergslagen: Taubenberg, Sonnenberg, Sandgrube, Langenstück.

Erbach, Eisenbahnstation der Linie Frankfurt—Coblenz.

Weinberge: ca. 110 Hektar mit einem Durchschnittsertrage von ca. 180 Stück **Weißwein** m; m/mf; mf; f; ff.

Traubensorten: Fast nur Riesling.

Bessere Weinbergslagen: Marcobrunnen, Siegelsberg, Gemark, Seelgaß.

Geisenheim, Eisenbahnstation der Linie Frankfurt—Coblenz.
   Weinberge: ca. 200 Hektar mit einem Durchschnittsertrage von ca. 350-400 Stück **Weißwein** — m/mf; mf; f; ff.
   Traubensorten: Meistens Riesling; etwas Oesterreicher.
   Bessere Weinbergslagen: Rothenberg, Morschberg, Kosackenberg, Mäuerchen, Lickerstein, Decker, Kläuserweg, Teilers, Katzenloch.

Hallgarten, verkehrt mit den Eisenbahnstationen Hattenheim und Oestrich-Winkel der Linie Frankfurt-Coblenz.
   Weinberge: ca. 143 Hektar mit einem Durchschnittsertrage von ca. 180—200 Stück **Weißwein** — m; m/mf; mf; f.
   Traubensorten: Meistens Riesling; etwas Oesterreicher.
   Bessere Weinbergslagen: Schönhölle, Deutelsberg, Himmelberg, Neufeld.

Hattenheim, Eisenbahnstation der Linie Frankfurt—Coblenz.
   Weinberge: ca. 138 Hektar mit einem Durchschnittsertrage von ca. 200 Stück **Weißwein** — m/mf; mf; f; ff.
   Traubensorten: Fast nur Riesling.
   Bessere Weinbergslagen: Steinberg, Nußbrunnen, Stabel, Weiher, Wieselbrunn, Mannberg.

Johannisberg, verkehrt mit den Eisenbahnstationen Oestrich-Winkel und Geisenheim der Linie Frankfurt—Coblenz.
   Weinberge: ca. 81 Hektar mit einem Durchschnittsertrage von ca. 120 Stück **Weißwein** — m; m/mf; mf; f; ff.
   Traubensorten: Meistens Riesling; etwas Oesterreicher.
   Bessere Weinbergslagen: Schloßberg (Schloß Johannisberger), Unterhöll, Mittelhöll, Höllenkopf, Weier.

Kiedrich, verkehrt mit der Eisenbahnstation Eltville der Linie Frankfurt—Coblenz.
  Weinberge: ca. 82 Hektar mit einem Durchschnittsertrage von 100—130 Stück **Weißwein** — m; m/mf; mf; f; ff.
  Traubensorten: ²/₃ Riesling; ¹/₃ Oesterreicher.
  Bessere Weinbergslagen: Gräfenberg, Wasserroß, Steeg, Osbach, Berg.

Lorch, Eisenbahnstation der Linie Frankfurt—Coblenz.
  Weinberge: ca. 200 Hektar mit einem Durchschnittsertrage von ca. 350 Stück **Weißwein** — m; m/mf.
  Traubensorten: meistens Oesterreicher; auch Kleinberger, Riesling und Traminer; etwas Frühburgunder.
  Bessere Weinbergslagen: Bodenthal, Pfaffenwiese, Neuweg.

Lorchhausen, verkehrt mit der Eisenbahnstation Lorch der Linie Frankfurt—Coblenz.
  Weinberge: ca. 76 Hektar mit einem Durchschnittsertrage von 190—210 Stück **Weißwein** und ca. 15 Stück **Rothwein** — m.
  Traubensorten: Meistens Oesterreicher und Kleinberger; auch etwas Riesling; dann Spätburgunder und Fleischtrauben.
  Bessere Weinbergslagen: Rosenberg, Lach.

Mittelheim, in unmittelbarer Nähe der Eisenbahnstation Oestrich-Winkel der Linie Frankfurt—Coblenz.
  Weinberge: ca. 76 Hektar mit einem Durchschnittsertrage von ca. 150 Stück **Weißwein** — m; m/mf; mf; f; ff.
  Traubensorten: Meistens Riesling.
  Bessere Weinbergslagen: Edelmann, Schwarzhaus.

Neudorf, verkehrt mit der Eisenbahnstation Eltville der Linie Frankfurt—Coblenz.

Weinberge: ca. 65 Hektar mit einem Durchschnittsertrage von ca. 120 Stück **Weißwein** — m; m/mf; mf.

Traubensorten: ³/₄ Riesling, ¹/₄ Oesterreicher.

Bessere Weinbergslagen: Langenbg., Pfaffenbg., Mückenberg, Kirchweg.

Niederwalluf, Eisenbahnstation der Linie Frankfurt—Coblenz.

Weinberge: ca. 36 Hektar mit einem Durchschnittsertrage von ca. 60 Stück **Weißwein** — m; m/mf; mf.

Traubensorten: Meistens Riesling; etwa ¹/₆ Oesterreicher.

Bessere Weinbergslagen: Walkenberg, Mittelberg, Oberberg, Unterberg, Steinritz.

Oberwalluf, verkehrt mit der Eisenbahnstation Niederwalluf der Linie Frankfurt—Coblenz.

Weinberge: ca. 11 Hektar mit einem Durchschnittsertrage von 15—20 Stück **Weißwein** — m; m/mf.

Traubensorten: ½ Riesling; ½ Oesterreicher.

Bessere Weinbergslagen: Vitusberg, Kirschbaum.

Oestrich, Eisenbahnstation (Oestrich-Winkel) der Linie Frankfurt—Coblenz.

Weinberge: ca. 142 Hektar mit einem Durchschnittsertrage von ca. 250 Stück **Weißwein** — m; m/mf; mf; f; ff.

Traubensorten: Meistens Riesling; auch etwas Oesterreicher.

Bessere Weinbergslagen: Eisenberg mit Eiserweg; Löhnchen; Deez; Hölle; Doosberg.

Rauenthal, verkehrt mit der Eisenbahnstation Eltville der Linie Frankfurt—Coblenz.

Weinberge: ca. 85 Hektar mit einem Durchschnittsertrage von ca. 150 Stück **Weißwein** — m/mf; mf; f; ff.

Traubensorten; Meistens Riesling; auch etwas Oesterreicher.

Bessere Weinbergslagen: Gehrn, Rothenberg, Wieshell Pfaffenberg, Nonnenberg, Langenstück.

Rüdesheim, Eisenbahnstation der Linie Frankfurt-Coblenz.

Weinberge: ca. 205 Hektar mit einem Durchschnittsertrage von ca. 400 Stück **Weißwein** — m/mf; mf; f; ff.

Traubensorten: Riesling, Orleans, Oesterreicher.

Bessere Weinbergslagen: Berg, Rottland, Hinterhaus.

Winkel, Eisenbahnstation (Oestrich-Winkel) der Linie Frankfurt—Coblenz.

Weinberge: ca. 153 Hektar mit einem Durchschnittsertrage von ca. 300 Stück **Weißwein** — m/mf; mf; f; ff.

Traubensorten: Meistens Riesling; auch etwas Oesterreicher.

Bessere Weinbergslagen: Hasensprung, Dachsberg, Opferberg, Plankner.

b) Kreis Wiesbaden.

Breckenheim, verkehrt mit der Eisenbahnstation Igstadt der Linie Wiesbaden—Niedernhausen.

Weinberge: ca. 10 Hektar mit einem Durchschnittsertrage von ca. 10 Stück **Weißwein** — kl: klm.

Traubensorten: $2/3$ Oesterreicher; $1/3$ Riesling.

Delkenheim, verkehrt mit den Eisenbahnstationen Hochheim der Linie Frankfurt—Coblenz und Erbenheim der Linie Wiesbaden—Niedernhausen.

Weinberge: ca. 11 Hektar mit einem Durchschnittsertrage von ca. 10 Stück Weißwein kl; klm.

Traubensorten: Riesling und Oesterreicher.

Diedenbergen, verkehrt mit den Eisenbahnstationen Flörsheim der Linie Frankfurt—Coblenz und Hofheim der Linie Frankfurt—Höchst—Limburg.

Weinberge: ca. 25 Hektar mit einem Durchschnittsertrage von ca. 25 Stück Weißwein kl; klm.

Traubensorten: Meistens Oesterreicher; etwa 1/10 Riesling.

Dotzheim, Eisenbahnstation der Linie Wiesbaden—Langenschwalbach.

Weinberge: ca. 7 Hektar mit einem Durchschnittsertrage von ca. 12 Stück Weißwein — kl; klm.

Traubensorten: Riesling, Oesterreicher; etwas Fleischtrauben.

Flörsheim a. Main, Eisenbahnstation der Linie Frankfurt—Coblenz.

Weinberge: ca. 20 Hektar mit einem Durchschnittsertrage von ca. 60 Stück Weißwein und 1 Stück Rothwein — klm; m.

Traubensorten: Meistens Oesterreicher; etwas Riesling und Portugieser.

Bessere Weinbergslagen: Herrenberg, Körbchen.

Frauenstein, verkehrt mit der Eisenbahnstation Schierstein der Linie Frankfurt—Coblenz.
Weinberge: ca. 50 Hektar mit einem Durchschnittsertrage
von ca. 70 Stück **Weißwein** und 8 Stück **Rothwein** —
m; m/mf.
Traubensorten: Riesling, Oesterreicher, Portugieser.

Hochheim am Main, Eisenbahnstation der Linie Frankfurt—Coblenz.
Weinberge: ca. 250 Hektar mit einem Durchschnittsertrage
von ca. 240 Stück **Weißwein** und etwas **Rothwein** —
m; m/mf; mf; f; ff.
Traubensorten: Riesling, Oesterreicher; etwas Portugieser.
Bessere Weinbergslagen: Domdechaney, Kirchenstück, Neuberg, Stein, Reichenstahl, Victoriaberg.

Igstadt, Eisenbahnstation der Linie Wiesbaden—Niedernhausen.
Weinberge: ca. 10 Hektar mit einem Durchschnittsertrage
von ca. 10 Stück **Weißwein** — kl; klm.
Traubensorten: Oesterreicher und Riesling.

Massenheim, verkehrt mit der Eisenbahnstation Flörsheim
der Linie Frankfurt—Coblenz.
Weinberge: ca. 37 Hektar mit einem Durchschnittsertrage
von ca. 40 Stück **Weißwein** — kl; klm.
Traubensorten: Riesling und Oesterreicher.

Nordenstadt, verkehrt mit den Eisenbahnstationen Erbenheim und Igstadt der Linie Wiesbaden—Niedernhausen.
Weinberge: ca. 15 Hektar mit einem Durchschnittsertrage
von 15 Stück **Weißwein** — kl; klm.
Traubensorten: Oesterreicher.

Schierstein, Eisenbahnstation der Linie Frankfurt—Coblenz.
Weinberge: ca. 30 bis 40 Hektar mit einem Durchschnittsertrage von ca. 30 Stück **Weißwein** und ca. 5 Stück **Rothwein** — klm; m; m/mf.
Traubensorten: ½ Riesling; ½ Oesterreicher; etwas Portugieser.
Bessere Weinbergslagen: Hölle, Platte, Steinberg.

Wallau, verkehrt mit der Eisenbahnstation Erbenheim der Linie Wiesbaden—Niedernhausen.
Weinberge: ca. 17 Hektar mit einem Durchschnittsertrage von ca. 20 Stück **Weißwein** — kl; klm.
Traubensorten: Meistens Riesling; etwas Oesterreicher.

Wiesbaden, Eisenbahnstation.
Weinberge: ca. 13 Hektar mit einem Durchschnittsertrage von ca. 20 Stück **Weißwein** — m; m/mf.
Traubensorten: Meistens Riesling; etwas Traminer und Kleinberger.
Bessere Weinbergslagen: Neroberg.

Wicker, verkehrt mit den Eisenbahnstationen Hochheim und Flörsheim der Linie Frankfurt—Coblenz.
Weinberge: ca. 75 Hektar mit einem Durchschnittsertrage von ca. 150 Stück **Weißwein** — klm; m; m/mf.
Traubensorten: Oesterreicher und Riesling.
Bessere Weinbergslagen: Nonnenberg, Junkern.

NB. { **Kostheim** } gehören zum Kreise Mainz;
    { **Kastel**   } s. unter Rheinhessen.

Rheinhessen.

Rheinhessen, die dem Rheingau gegenüber liegende linksrheinische Provinz des Großherzogthums Hessen, ist östlich und nördlich vom Rhein, westlich von der Nahe und südlich von der bayrischen Pfalz begrenzt, greift aber bei Mainz mit einem sehr kleinen Theile, den Gemeinden Kastel und Kostheim, über den Rhein hinüber, welche zwei Gemarkungen, wie bereits im vorhergehenden Kapitel erwähnt, weinbaulich zum Gebiete von Hochheim zu rechnen sind.

Geographisch charakterisirt ist Rheinhessen durch eine vom ebenen linken Rheinufer eingefaßte kompakte plateauähnliche Bodenerhebung, welche durch kleine Thäler vielfach leicht eingeschnitten wird, so daß die ganze Oberfläche des Plateaus in hügeliger Form erscheint. Sowohl der äußere nach dem Rheine hin abfallende Rand dieses Plateaus wie auch fast die sämmtlichen hügeligen Hänge auf demselben und beinahe der ganze in der nordwestlichen Ecke Rheinhessens bei Bingen isolirt sich erhebende Rochusberg sind mit Reben bedeckt. Besonders zeichnen sich der äußere Rand des rheinhessischen Plateaus und das quer durch Rheinhessen ziehende Selzthal, unten der Ingelheimer Grund genannt, durch den Umfang der Produktion aus. Der Weinbau ist so allgemein verbreitet in Rheinhessen, daß er nur einer sehr kleinen Zahl von Gemeinden gänzlich fehlt.

Die an Umfang nur kleine Provinz Rheinhessen erzielt nicht nur qualitativ sondern auch quantitativ einen so hervorragenden Ertrag, daß sie als ein Hauptweinbaugebiet des Deutschen Reiches qualifizirt werden muß, welches von anderen an Wichtigkeit kaum übertroffen werden dürfte.

Wie ein flüchtiger Blick auf die Angaben bei den unten aufgezählten Weinbauorten beweist, dominirt die Rebensorte Oesterreicher in ganz hervorragender Weise. Sie liefert zwar nicht so aromatische und bouquetreiche Weine wie die Sorte Riesling, aber ihr Produkt aus den besseren Lagen ist doch von ausgezeichneter Qualität. Vor dem Riesling hat der Oesterreicher aber die Hauptvorzüge, daß er früher reift und deswegen eine mehr gleichmäßige Qualität unter den verschiedenen Jahrgängen garantirt, sowie, daß er reichlicher trägt. Den Oesterreicher Trauben verdanken die rheinhessischen Weine ihren Charakter.

Das Hauptquantum des rheinhessischen Produktes besteht aus kleinen reingährigen Weinen und angehenden Mittelweinen, doch wachsen auch bessere Mittelweine und feine Weine in Menge. Es sind meistens weiße Sorten. Rothweine werden in geringem Quantum in der ganzen Provinz zerstreut angebaut, kommen aber weniger zur Einlagerung beim Winzer, da die rothen Trauben viel im Herbste verkauft werden. Nur in der Gegend der beiden Ingelheim hat der Rothweinbau größere Dimensionen angenommen und Oberingelheim hat sich mit seinem Rothwein aus Spätburgundertrauben einen berühmten Namen gemacht. Eines gewissen Ansehens erfreut sich auch der Gundersheimer Rothwein, der freilich nicht in größerer Menge produzirt wird. Besonders erwähnenswerth ist die Kultur der Frühburgunder in den Gemarkungen des äußeren Randes von Rheinhessen zwischen Mainz und Bingen. Hier keltern die Schaumweinkellereien die zur Schaumweinbereitung beliebten Clarets.

Im Innern der Provinz werden nur kleine Weine oder angehende Mittelweine angebaut, von welch' letzteren besonders die Weine vom Hahnheimer Knopf und vom Bosenberg bei Bosenheim Ruf erlangt haben. Da das Produktionsgebiet der kleinen Weine früher meistens zu Kurpfalz gehörte, so werden die Weine im Lande selbst häufig „Pfälzer" genannt.

Die mittleren und feinen Weine wachsen nur am äußeren Rande des rheinhessischen Plateaus. Von Worms abwärts folgt hier eine Reihe von Ortschaften bezw. von Weinbergslagen, deren Namen als Weinmarken weltbekannt sind: Liebfraumilch, Oppenheimer, Nierfteiner, Nackenheimer, Bodenheimer, Laubenheimer, Ingelheimer, Scharlachberger, Binger Eisel ꝛc. Diese Weine wurden schon in alten Zeiten zu den eigentlichen Rheinweinen gezählt.

Auch Rheinhessen bietet ein ganzes Sortiment Wein, von den kleineren Sorten aufwärts bis zu den feinen, für welch' letztere in guten Jahren Preise von etwa Mk. 2000 bis 6000 pro Stück angelegt werden.

Die Provinz ist in fünf Kreise eingetheilt:

a. **Kreis Mainz**
b. „ **Bingen**
c. „ **Oppenheim**
d. „ **Alzey**
e. „ **Worms,**

von welchen die Kreise Oppenheim und Bingen die an Umfang bedeutendste Produktion haben. Dann folgen die Kreise Alzey und Worms und den Schluß macht der Kreis Mainz. In der folgenden Aufzählung der einzelnen Produktionsorte ist dieselbe Eintheilung beibehalten worden.

Das rheinhessische Land ist gut aufgeschlossen durch verschiedene Eisenbahnlinien; Mainz — Bingen, Mainz—Worms, Mainz—Alzey—Kaiserslautern, Bingen—Alzey—Worms, Worms — Monsheim — Marnheim; und durch einige Zweig- bezw. Nebenbahnen: Armsheim—Flonheim, Sprendlingen—Wöllstein, Osthofen—Westhofen und Worms Offstein; endlich durch die Dampfstraßenbahnen Mainz—Finthen und Mainz—Hechtsheim.

Die Weinorte Rheinhessens.

a) Kreis Mainz.

Budenheim, Eisenbahnstation der Linie Mainz—Bingen.

Weinberge: ca. 16—20 Hektar mit einem Durchschnittsertrage von ca. 20 Stück Weißwein und 5 Stück Rothwein — kl.

Traubensorten: Meistens Oesterreicher und Frühburgunder.

Bessere Weinbergslage: Schwarzer Berg.

Ebersheim, verkehrt mit den Eisenbahnstationen Niederolm der Linie Mainz — Alzey und Bodenheim der Linie Mainz—Worms.

Weinberge: ca. 80 Hektar mit einem Durchschnittsertrage von ca. 200 Stück Weißwein und ca. 10 Stück Rothwein — kl; klm.

Traubensorten: Meistens Oesterreicher; etwas Portugieser.

Essenheim, verkehrt mit der Eisenbahnstation Klein-Winternheim der Linie Mainz-Alzey.
Weinberge: ca. 148 Hektar mit einem Durchschnittsertrage von ca. 350 Stück Weißwein und ca. 40 Stück Rothwein — kl.
Traubensorten: Meistens Oesterreicher; etwas Kleinberger; ziemlich viel Portugieser und Frühburgunder.
Bessere Weinbergslagen: Reideberg, Engenweg, Müllesanderberg, Schmitthans.

Finthen, Station der Dampfstraßenbahn Mainz–Finthen.
Weinberge: ca. 8 Hektar mit einem Durchschnittsertrage von ca. 8 Stück Weißwein — kl.
Traubensorten: Oestricher, Traminer, Kleinberger.

Gaubischofsheim (auch Bischheim genannt), verkehrt mit der Eisenbahnstation Bodenheim der Linie Mainz–Worms.
Weinberge: ca. 65 Hektar mit einem Durchschnittsertrage von 80—90 Stück Weißwein — klm; m.
Traubensorten: Riesling, Oesterreicher.
Bessere Weinbergslagen: Sandkaut, Brühlwingert, Dorfwingert, Kellersberg, Kirscheck.

Harxheim, verkehrt mit den Eisenbahnstationen Bodenheim und Nackenheim der Linie Mainz—Worms.
Weinberge: ca. 60 Hektar mit einem Durchschnittertrage von ca. 250 Stück Weißwein und ca. 10 Stück Rothwein — klm.
Traubensorten: Meistens Oesterreicher; etwas Portugieser.
Bessere Weinbergslagen: Bann, Floß, Schloßberg, über dem Gaubischofsheimer Weg.

Hechtsheim, Station der Dampfstraßenbahn Mainz—Hechtsheim.

Weinberge: ca. 25 Hektar mit einem Durchschnittsertrage von ca. 50 Stück **Weißwein** — klm.

Traubensorten: Oesterreicher; etwas Riesling und etwas Portugieser.

Bessere Weinbergslagen: Körperich, Muckenberg.

Kastel, Eisenbahnstation der Linie Frankfurt—Coblenz.

Weinberge: ca. 38 Hektar mit einem Durchschnittsertrage von ca. 30 Stück **Weißwein** und ca. 3 Stück **Rothwein** — klm: m.

Traubensorten: Meistens Oesterreicher; etwas Riesling, Traminer, Kleinberger und Portugieser.

Kleinwinternheim, Eisenbahnstation der Linie Mainz-Alzey.

Weinberge: ca. 28 Hektar mit einem Durchschnittsertrage von 100—150 Stück **Weißwein** — kl.

Traubensorten: Meistens Oesterreicher; etwas Portugieser.

Kostheim, verkehrt mit den Eisenbahnstationen Kastel der Linie Frankfurt—Coblenz und Gustavsburg der Linie Mainz—Frankfurt.

Weinberge: ca. 70 Hektar mit einem Durchschnittsertrage von ca. 140 Stück **Weißwein** — m; m/mf.

Traubensorten: Oesterreicher, Riesling und Kleinberger.

Bessere Weinbergslagen: Weiße Erde, Taubhaus, Kisselgasse, Burgundergewann.

Laubenheim, Eisenbahnstation der Linie Mainz—Worms.

Weinberge: ca. 150 Hektar mit einem Durchschnittsertrage von ca. 350 Stück **Weißwein** und ca. 10 Stück **Rothwein** — klm; m; m/mf.

Traubensorten: Meistens Oesterreicher; auch etwas Riesling und Portugieser.

Bessere Weinbergslagen: Hayl, Hitze, Damsberg, Steig, Johannisberg, Neuberg, Kalkofen.

Niederolm, Eisenbahnstation der Linie Mainz—Alzey.

Weinberge: ca. 68 Hektar mit einem Durchschnittsertrage von 180—200 Stück **Weißwein** und etwas **Rothwein** — kl.

Traubensorten: Meistens Oesterreicher; Portugieser.

Bessere Weinbergslagen: Geyerschal, Diebszehnten.

Oberolm, Eisenbahnstation (Kleinwinternheim—Oberolm) der Linie Mainz—Alzey.

Weinberge: ca. 100 Hektar mit einem Durchschnittsertrage von ca. 400 Stück **Weißwein** — kl.

Traubensorten: Meistens Oesterreicher; auch etwas Kleinberger und Portugieser.

Sörgenloch, verkehrt mit der Eisenbahnstation Niederolm der Linie Mainz—Alzey.

Weinberge: ca. 60 Hektar mit einem Durchschnittsertrage von ca. 200 Stück **Weißwein** — klm.

Traubensorten: Meistens Oesterreicher; etwas Portugieser.

Stadecken, verkehrt mit der Eisenbahnstation Niederolm der Linie Mainz—Alzey.

Weinberge: ca. 200 Hektar mit einem Durchschnittsertrage von ca. 300 Stück **Weißwein** und ca. 25 Stück **Rothwein** — kl.

Traubensorten: Oesterreicher, Riesling, Kleinberger, Frühburgunder, Portugieser.

Bessere Weinbergslagen: Horn, Spitzberg.

Weisenau, Güterstation der Heff. Ludwigsbahn; verkehrt sonst mit der Eisenbahnstation Mainz.

Weinberge: ca. 53 Hektar mit einem Durchschnittsertrage von ca. 100 Stück **Weißwein** — klm.

Traubensorten: Oesterreicher; Riesling.

Bessere Weinbergslagen: Weißer Berg, Grub.

Zornheim, verkehrt mit der Eisenbahnstation Nieberolm der Linie Mainz—Alzey.

Weinberge: ca. 110 Hektar mit einem Durchschnittsertrage von ca. 300 Stück **Weißwein** und ca. 15 Stück **Rothwein** — kl; klm.

Traubensorten: Meistens Oesterreicher; etwas Riesling, Frühburgunder und Portugieser.

Bessere Weinbergslagen: Wiederschein, Gärtel, Münchbäumen, Gans, Guldenmorgen, Bernchen.

b) Kreis Bingen.

Appenheim, verkehrt mit der Eisenbahnstation Gaualgesheim der Linie Mainz—Bingen.

Weinberge: ca. 50 Hektar mit einem Durchschnittsertrage von ca. 100 Stück **Weißwein** — kl.

Traubensorten: Fleischtrauben, Kleinberger, Große Traminer, Oesterreicher, Gutedel, Portugieser.

Aspisheim, verkehrt mit den Eisenbahnstationen Gensingen-Horrweiler und Bübesheim-Dromersheim der Linie Bingen—Alzey.

Weinberge; ca. 150 Hektar mit einem Durchschnittsertrage von ca. 500 Stück **Weißwein** und 6 bis 8 Stück **Rothwein** — kl.

Traubensorten: Meistens Oesterreicher; auch Traminer, Kleinberger, Gutedel, Ruländer, Riesling, Frühburgunder und Portugieser.

Bingen, Eisenbahnstation.

Weinberge: ca. 150 Hektar mit einem Durchschnittsertrage von ca. 500 Stück **Weißwein** und ca. 50 Stück **Rothwein** — m; m/mf; f; ff.

Traubensorten: Oesterreicher; sehr viel Riesling; Ruländer und Portugieser.

Bessere Weinbergslagen: Eisel, Mainzerweg, Mittelpfad, Schloßberg.

Bubenheim, verkehrt mit der Eisenbahnstation Ingelheim der Linie Mainz—Bingen.

Weinberge: ca. 45 Hektar mit einem Durchschnittsertrage von 100—150 Stück **Weißwein** und 10 bis 25 Stück **Rothwein** — kl.

Traubensorten: Meistens Oesterreicher; Frühburgunder, Spätburgunder, Portugieser.

Büdesheim, Eisenbahnstation (Büdesheim-Dromersheim) der Linie Bingen—Alzey.

Weinberge: ca. 287 Hektar mit einem Durchschnittsertrage von ca. 750 Stück **Weißwein** und ca. 380 Stück **Rothwein** — m; m/mf; mf; f; ff.

Traubensorte: Riesling, Oesterreicher, Traminer, Ruländer, Frühburgunder und Portugieser.

Bessere Weinbergslage: Scharlachberg.

Dietersheim, verkehrt mit der Eisenbahnstation Bingen und mit der Eisenbahnstation Büdesheim-Dromersheim der Linie Bingen—Alzey.

Weinberge: ca. 26 Hektar mit einem Durchschnittsertrage von ca. 30—40 Stück **Weißwein** — kl; klm.

Traubensorten: Oesterreicher, Traminer, Portugieser und etwas Frühburgunder.

Dromersheim, Eisenbahnstation (Büdesheim-Dromersheim) der Linie Bingen—Alzey.

Weinberge: ca. 211 Hektar mit einem Durchschnittsertrage von ca. 900 Stück **Weißwein** und ca. 50 Stück **Rothwein** — kl; klm.

Traubensorten: Meistens Oesterreicher; etwas Riesling; ferner Ruländer, Kleinberger, Frühburgunder und Portugieser.

Bessere Weinbergslagen: Laberstall, Hütte, Proff, Pflanzer, Kolben, Honigberg.

Elsheim, verkehrt mit den Eisenbahnstationen Niederolm der Linie Mainz—Alzey und Ingelheim der Linie Mainz—Bingen.

Weinberge: ca. 110 Hektar mit einem Durchschnittsertrage von ca. 185 Stück **Weißwein** und ca. 15 Stück **Rothwein** — kl; klm.

Traubensorten: ¹/₃ Riesling; nicht ganz ²/₃ Oesterreicher; der Rest Traminer, Frühburgunder und Portugieser.

Bessere Weinbergslagen: Unterer und mittlerer Röther, Dreimorgen, Plum, Rosengarten, Neuer Berg.

Engelstadt, verkehrt mit den Eisenbahnstationen Sprendlingen der Linie Bingen—Alzey, Gaualgesheim und Ingelheim der Linie Mainz—Bingen.

Weinberge: ca. 102 Hektar mit einem Durchschnittsertrage von ca. 400 Stück **Weißwein** und ca. 13 Stück **Rothwein** — kl.

Traubensorten: Meistens Oesterreicher; etwas Frühburgunder und Portugieser.

Freiweinheim, verkehrt mit der Eisenbahnstation Ingelheim der Linie Mainz—Bingen.
Weinberge: ca. 10 Hektar, deren Ertrag meistens im Herbst verkauft wird zur Claretbereitung.
Traubensorte: Nur Frühburgunder.

Gaualgesheim, Eisenbahnstation der Linie Mainz—Bingen.
Weinberge: ca. 550 Hektar mit einem Durchschnittsertrage von ca. 1000 Stück **Weißwein** und ca. 100 Stück **Rothwein** — kl; klm.
Traubensorten: Meistens Oesterreicher; auch Riesling, Tokayer, Kleinberger, Traminer, Fleischtrauben, Spätburgunder, Frühburgunder, Portugieser.
Bessere Weinbergslagen: Goldberg, Steinert.

Gaulsheim, Eisenbahnstation der Linie Mainz—Bingen.
Weinberge: ca. 14 Hektar mit einem Durchschnittsertrage von ca. 20—30 Stück **Weißwein** — kl; klm.
Traubensorten: Oesterreicher, Portugieser und Frühburgunder.

Gensingen, Eisenbahnstation (Gensingen-Horrweiler) der Linie Bingen—Alzey.
Weinberge: ca. 100 Hektar mit einem Durchschnittsertrage von ca. 200 Stück **Weißwein** — klm.
Traubensorten: Oesterreicher, Traminer, Riesling, Ruländer, Portugieser.
Von den Weinbergslagen sind die Rieslagen die besseren.

Grolsheim, verkehrt mit der Eisenbahnstation Gensingen-Horrweiler der Linie Bingen—Alzey.
Weinberge: ca. 44 Hektar. Viele neue Anlagen, deswegen Durchschnittsertrag nicht anzugeben — kl.
Traubensorten: Oesterreicher, Portugieser.

Grosswinternheim, verkehrt mit der Eisenbahnstation Ingelheim der Linie Mainz—Bingen,

Weinberge: ca. 85 Hektar mit einem Durchschnittsertrage von ca. 250 Stück **Weisswein** und ca. 100 Stück **Rothwein** — kl; klm.

Traubensorten: Meistens Oesterreicher; etwas Riesling; ca. ⅓ Spätburgunder und Frühburgunder.

Bessere Weinbergslage: Vockstein.

Heidesheim, Eisenbahnstation der Linie Mainz-Bingen.

Weinberge: ca. 110 Hektar mit einem Durchschnittsertrage von ca. 160 Stück **Rothwein** — klm; — und ca. 100 Stück **Weisswein** — kl.

Traubensorten: Frühburgunder, Spätburgunder, Portugieser, Oesterreicher.

Bessere Weinbergslagen: Steinfels, Steinacker.

Horrweiler, Eisenbahnstation (Gensingen-Horrweiler) der Linie Bingen—Alzey.

Weinberge: ca. 114 Hektar mit einem Durchschnittsertrage von ca. 300 Stück **Weisswein** — kl.

Traubensorten: Meistens Oesterreicher; etwas Kleinberger.

Bessere Weinbergslagen: Hassengeruch, Umgänger, Gewirstgarten.

Jugenheim, verkehrt mit den Eisenbahnstationen Niederolm, Wörrstadt der Linie Mainz—Alzey, Sprendlingen der Linie Bingen—Alzey und Ingelheim der Linie Mainz—Bingen.

Weinberge: ca. 106 Hektar mit einem Durchschnittsertrage von ca. 500 Stück **Weisswein** — kl.

Traubensorten: Meistens Oesterreicher; Portugieser.

Bessere Weinbergslagen: Goldberg, Bergstrasse, Neuweg, Bleiche.

Kempten, Haltestelle der Linie Mainz—Bingen.

Weinberge: ca. 90—100 Hektar mit einem Durchschnittsertrage von ca. 250 Stück **Weißwein** und **Rothwein** — klm; m; m/mf; mf; f.

Traubensorten: Meistens Oesterreicher; Riesling, Traminer, Frühburgunder, Portugieser.

Bessere Weinbergslage: Kempter Berg.

Niederhilbersheim, verkehrt mit der Eisenbahnstation Gaualgesheim der Linie Mainz—Bingen.

Weinberge: ca. 35 Hektar mit einem Durchschnittsertrage von ca. 60 Stück **Weißwein** — kl.

Traubensorten: Meistens Oesterreicher; Traminer, Veltliner, Trollinger, Portugieser und etwas Frühburgunder.

Niederingelheim, Eisenbahnstation (Ingelheim) der Linie Mainz—Bingen.

Weinberge: ca. 120 Hektar mit einem Durchschnittsertrage von ca. 175 Stück **Frühburgunder,** ca. 100 Stück **Rothwein** (Spätburgunder), ca. 200 Stück **Weißwein** — klm.

Traubensorten: Frühburgunder, Spätburgunder, Oesterreicher.

Oberingelheim, verkehrt mit der Eisenbahnstation Ingelheim der Linie Mainz—Bingen.

Von Oberingelheim waren neue nähere Nachrichten nicht zu erlangen. Früher hatte Oberingelheim ca. 270 Hektar Weinberge mit einem Durchschnittsertrage von ca. 500 Stück Wein, wovon annähernd die Hälfte der berühmte Oberingelheimer **Rothwein** aus Spätburgundertrauben — m; m/mf.

Traubensorten für **Weißwein**: Meistens Oesterreicher; Riesling, Kleinberger.

Ockenheim, verkehrt mit den Eisenbahnstationen Gaualgesheim der Linie Mainz—Bingen, Büdesheim-Dromersheim der Linie Bingen—Alzey.

Weinberge: ca. 300 Hektar mit einem Durchschnittsertrage von ca. 300 Stück **Weißwein** und 100 Stück **Rothwein** — klm; m.

Traubensorten: Oesterreicher, Riesling, Ruländer, Frühburgunder, Portugieser.

Bessere Weinbergslagen: Höll, Gehauweg, Hockenmühle, Laberstall.

Sauerschwabenheim, verkehrt mit der Eisenbahnstation Ingelheim der Linie Mainz—Bingen.

Weinberge: ca. 150 Hektar mit einem Durchschnittsertrage von ca. 500 Stück **Weißwein** und 100 Stück **Rothwein** — kl.

Traubensorten: Oesterreicher, Kleinberger, Riesling, Traminer, Ruländer, Spätburgunder, Frühburgunder, Portugieser.

Bessere Weinbergslagen: Häuserweg, Steig, Sonnenberg, Geisberg.

Sponsheim, verkehrt mit der Eisenbahnstation Büdesheim=Dromersheim der Linie Bingen—Alzey.

Weinberge: ca. 26 Hektar mit einem Durchschnittsertrage von ca. 70 Stück **Weißwein** und 15 Stück **Rothwein** — klm.

Traubensorten: Meistens Oesterreicher; Traminer, Riesling; etwas Frühburgunder und Portugieser.

Wackernheim, verkehrt mit der Eisenbahnstation Heidesheim der Linie Mainz—Bingen.

Weinberge: ca. 80 Hektar mit einem Durchschnittsertrage von 60—80 Stück **Weißwein** und 30—40 Stück **Rothwein** — kl.

Traubensorten: Frühburgunder, Oesterreicher, Kleinberger, Traminer und etwas Riesling.

c) Kreis Oppenheim.

Armsheim, Eisenbahnstation der Linien Mainz—Alzey und Bingen—Alzey.

Weinberge: ca. 175 Hektar mit einem Durchschnittsertrage von ca. 700 Stück **Weißwein** — kl.

Traubensorten: Meistens Oesterreicher.

Bechtolsheim, verkehrt mit der Eisenbahnstation Alzey.

Weinberge: ca. 30 Hektar mit einem Durchschnittsertrage von ca. 120 Stück **Weißwein** — kl.

Traubensorte: Meistens Oesterreicher, etwas Portugieser.

Biebelnheim, verkehrt mit den Eisenbahnstationen Alzey, Albig und Wörrstadt der Linie Mainz—Alzey.

Weinberge: ca. 44 Hektar mit einem Durchschnittsertrage von ca. 150 Stück **Weißwein** und 70 Stück **Rothwein** — kl.

Traubensorten: Meistens Oesterreicher und Portugieser; etwas Traminer.

Bodenheim, Eisenbahnstation der Linie Mainz—Worms.
Weinberge: ca. 210 Hektar mit einem Durchschnittsertrage von ca. 700 Stück **Weißwein** und 100 Stück **Rothwein** — klm; m; m/mf; mf.
Traubensorten: Meistens Oesterreicher; etwas Riesling; Portugieser.
Bessere Weinbergslagen: Westrum, Kahlenberg, Hoch, Leidhecke.

Dalheim, verkehrt mit den Eisenbahnstationen Oppenheim und Nierstein der Linie Mainz—Worms.
Weinberge: ca. 110 Hektar mit einem Durchschnittsertrage von ca. 180 Stück **Weißwein** und ca. 20 Stück **Rothwein** — kl.
Traubensorten: Meistens Oesterreicher; etwas Riesling; Portugieser.

Dexheim, verkehrt mit der Eisenbahnstation Nierstein der Linie Mainz—Worms.
Weinberge: ca. 75 Hektar mit einem Durchschnittsertrage von ca. 250 Stück **Weißwein** und ca. 8 Stück **Rothwein** — kl.
Traubensorten: Meistens Oesterreicher; etwas Riesling; Portugieser.
Bessere Weinbergslagen: Lohn, Schlag, Osterthal, Weiler, Grasberg.

Dienheim, verkehrt mit der Eisenbahnstation Oppenheim der Linie Mainz—Worms.
Weinberge: ca. 150 Hektar mit einem Durchschnittsertrage von ca. 500 Stück **Weißwein** — klm; m; m/mf.
Traubensorten: Meistens Oesterreicher; etwas Riesling; Ruländer, Frühburgunder.
Bessere Weinbergslagen: Ebenbreit, Krötenbrunnen, Guldenmorgen, Tafelstein, Gumben.

Dolgesheim, verkehrt mit der Eisenbahnstation Guntersblum der Linie Mainz—Worms.

Weinberge: ca. 75 Hektar mit einem Durchschnittsertrage von ca. 130 Stück **Weißwein** und 20 Stück **Rothwein** — kl.

Traubensorten: Meistens Oesterreicher; etwas Riesling; Portugieser.

Bessere Weinbergslagen: Spitzenzeil, Hartweg, Steibthal, Schetzenhütte.

Eichloch, verkehrt mit den Eisenbahnstationen Armsheim und Wörrstadt der Linie Mainz—Alzey.

Weinberge: ca. 41 Hektar mit einem Durchschnittsertrage von ca. 80 Stück **Weißwein** — kl.

Traubensorten: Oesterreicher, Traminer, etwas Portugieser.

Bessere Weinbergslagen: Kachelberg, Pulversprenger, Thal.

Eimsheim, verkehrt mit der Eisenbahnstation Guntersblum der Linie Mainz—Worms.

Weinberge: ca. 20 Hektar mit einem Durchschnittsertrage von ca. 45 Stück **Weißwein** — kl.

Traubensorten: Meistens Oesterreicher; etwas Riesling und Portugieser.

Ensheim, verkehrt mit den Eisenbahnstationen Wörrstadt, Armsheim und Albig der Linie Mainz—Alzey.

Weinberge: ca. 100 Hektar mit einem Durchschnittsertrage von ca. 500 Stück **Weißwein** — kl.

Traubensorten: Meistens Oesterreicher; etwas Riesling, Traminer und Portugieser.

Friesenheim, verkehrt mit der Eisenbahnstation Nierstein der Linie Mainz—Worms.

Weinberge: ca. 100 Hektar. Durchschnittsertrag nicht zu schätzen. **Weißwein** — kl; klm.

Traubensorten: Oesterreicher, Riesling, Frühburgunder, Portugieser.

Gabsheim, verkehrt mit der Eisenbahnstation Wörrstadt der Linie Mainz—Alzey.

Weinberge: ca. 21 Hektar mit einem Durchschnittsertrage von ca. 80 Stück **Weißwein** — kl.

Traubensorten: Meistens Oesterreicher; etwas Portugieser.

Gaubickelheim, Eisenbahnstation der Linie Bingen—Alzey.

Weinberge: ca. 150 Hektar mit einem Durchschnittsertrage von ca. 330 Stück **Weißwein** und 2 Stück **Rothwein** — kl; klm.

Traubensorten: Oesterreicher, Riesling, Traminer, Kleinberger, Portugieser.

Bessere Weinbergslagen: Goldberg, Frongewann, Kapelle.

Gauweinheim, verkehrt mit der Eisenbahnstation Wallertheim der Linie Bingen—Alzey.

Weinberge: ca. 150 Hektar mit einem Durchschnittsertrage von ca. 500 Stück **Weißwein** und ca. 5 Stück **Rothwein** — kl.

Traubensorten: Meistens Oesterreicher; etwas Portugieser.

Bessere Weinbergslagen: Am Esche, Hüttenweg.

Guntersblum, Eisenbahnstation der Linie Mainz-Worms.
Weinberge: ca. 250 Hektar mit einem Durchschnitts-
ertrage von ca. 550 Stück **Weißwein** und ca. 10 Stück
Rothwein — klm.
Traubensorten: Meistens Oesterreicher; ziemlich viel
Riesling; etwas Traminer und Portugieser.

Hahnheim, verkehrt mit den Eisenbahstationen Niederolm
der Linie Mainz — Alzey und Nierstein der Linie
Mainz—Worms.
Weinberge: ca. 80 Hektar mit einem Durchschnittsertrage
von 250 — 300 Stück **Weißwein** und 15 — 25 Stück
Rothwein — klm; m.
Traubensorten: Meistens Oesterreicher; etwas Riesling;
Portugieser.
Bessere Weinbergslagen: Knopf, Pfaffenröder, Münch-
berg, Siebenmorgen.

Hillesheim, verkehrt mit der Eisenbahnstation Alsheim
der Linie Mainz—Worms.
Weinberge: ca. 70 Hektar mit einem Durchschnittsertrage
von ca. 400 Stück **Weißwein** — kl.
Traubensorten: Meistens Oesterreicher; Portugieser.
Bessere Weinbergslagen: Altenberg, Auf dem Grein,
Sonnheil, Kleeberg.

Köngernheim, verkehrt mit den Eisenbahnstationen Nieder-
olm der Linie Mainz—Alzey und Nierstein der Linie
Mainz—Worms.
Weinberge: ca. 37 Hektar mit einem Durchschnittsertrage
von ca. 100 Stück **Weißwein** — kl; klm.
Traubensorten: Meistens Oesterreicher; etwas Riesling
und Portugieser.
Bessere Weinbergslage: Goldgrube.

Lörzweiler, verkehrt mit der Eisenbahnstation Nackenheim der Linie Mainz—Worms.
  Weinberge: ca. 53 Hektar mit einem Durchschnittsertrage von ca. 175 Stück **Weißwein** — klm.
  Traubensorten: Meistens Oesterreicher; etwas Riesling, Tokayer, Portugieser.
  Bessere Weinbergslagen: Hohberg, Lauté, Fieferstiel, Hartratz.

Ludwigshöhe, verkehrt mit den Eisenbahnstationen Guntersblum und Oppenheim der Linie Mainz—Worms.
  Weinberge: ca. 30 Hektar mit einem Durchschnittsertrage von 30—40 Stück **Weißwein** — klm.
  Traubensorten: Oesterreicher, Riesling, Portugieser.

Mommenheim, verkehrt mit den Eisenbahnstationen Nackenheim, Bodenheim, Nierstein der Linie Mainz-Worms und Nieder-Olm der Linie Mainz—Alzey.
  Weinberge: ca. 70 Hektar mit einem Durchschnittsertrage von ca. 180 Stück **Weißwein** — kl; klm.
  Traubensorten: Meistens Oesterreicher; Portugieser und etwas Tokayer.
  Bessere Weinbergslagen: Hühnerschar, Kreuzweg, Silbergrube, Lazarinenberg.

Nackenheim, Eisenbahnstation der Linie Mainz—Worms.
  Weinberge: ca. 115 Hektar mit einem Durchschnittsertrage von 200—250 Stück **Weißwein** — m; m/mf; mf; f; ff.
  Traubensorten: Meistens Oesterreicher; etwas Riesling und Portugieser.
  Bessere Weinbergslagen: Rothenberg, Fenchelberg, Platte.

Niedersaulheim, Eisenbahnstation der Linie Mainz–Alzey.
Weinberge: ca. 150 Hektar mit einem Durchschnittsertrage von ca. 700 Stück **Weißwein** und ca. 30 Stück **Rothwein** — kl.
Traubensorten: Meistens Oesterreicher, etwas Traminer und Portugieser, St. Laurent.

Bessere Weinbergslagen: Rosenberg, Hölle, Wahlig.
Nierstein, Eisenbahnstation der Linie Mainz–Worms.
Weinberge: ca. 600 Hektar mit einem Durchschnittsertrage von ca. 1200 Stück **Weißwein** und ca. 20 Stück **Rothwein** — m; m/mf; mf; f; ff.
Traubensorten: Riesling, Oesterreicher, Tokayer.
Bessere Weinbergslagen: Glöck, Pettenthal, Hipping, Auflangen, Fuchsloch, Fläschenhahl, Kehr, Rehbach, Floß, Bergkirche, Kiliansberg, Kranzberg, Rohr, Orbel, Oelberg.

Obersaulheim, verkehrt mit der Eisenbahnstation Niedersaulheim der Linie Mainz–Alzey.
Weinberge: Fläche der Weinberge nicht angegeben. Durchschnittsertrag ca. 150 Stück **Weißwein** — kl.
Traubensorte: Meistens Oesterreicher.

Oppenheim, Eisenbahnstation der Linie Mainz–Worms.
Weinberge: ca. 125 Hektar mit einem Durchschnittsertrage von ca. 400 Stück **Weißwein** und ca. 25 Stück **Rothwein** — m; m/mf; mf; f; ff.
Traubensorten: Meistens Oesterreicher; Riesling, Ruländer, Tokayer, Frühburgunder, Portugieser.
Bessere Weinbergslagen: Sackträger, Kreuz, Krötenbrunnen, Herrenberg, Goldberg, Steig, Kugel, Reisekahr, Judenschule.

Partenheim, verkehrt mit den Eisenbahnstationen Wörrstadt und Niederolm der Linie Mainz—Alzey und Sprendlingen der Linie Bingen—Alzey.

Weinberge: ca. 104 Hektar mit einem Durchschnittsertrage von ca. 400 Stück **Weißwein** und ca. 15 Stück **Rothwein** — kl.

Traubensorten: Oesterreicher, Kleinberger; etwas Riesling und Ruländer; Portugieser.

Schimsheim, verkehrt mit den Eisenbahnstationen Armsheim und Wallertheim der Linie Bingen—Alzey.

Weinberge: ca. 25 Hektar mit einem Durchschnittsertrage von ca. 120 Stück **Weißwein** — kl.

Traubensorten: Meistens Oesterreicher und Kleinberger; etwas Riesling und Traminer.

Bessere Weinbergslagen: Herrenwingert, Pfaffenberg.

Schornsheim, verkehrt mit den Eisenbahnstationen Niedersaulheim und Wörrstadt der Linie Mainz—Alzey.

Weinberge: ca. 50 Hektar mit einem Durchschnittsertrage von ca. 130 Stück **Weißwein** — kl.

Traubensorten: Meistens Oesterreicher; große Traminer; etwas Frühburgunder und Portugieser.

Schwabsburg, verkehrt mit der Eisenbahnstation Nierstein der Linie Mainz—Worms.

Weinberge: ca 70 Hektar mit einem Durchschnittsertrage von 150—160 Stück **Weißwein** und 10—15 Stück **Rothwein** — klm; m; m/mf.

Traubensorten: Meistens Oesterreicher und Riesling; etwas Portugieser.

Bessere Weinbergslagen: Orbel, Schnappenberg, Federberg, Schloßberg.

Selzen, verkehrt mit der Eisenbahnstation Nieder-Olm der Linie Mainz—Alzey.
Weinberge: ca. 125 Hektar mit einem Durchschnittsertrage von ca. 250 Stück **Weißwein** — klm.
Traubensorten: Meistens Oesterreicher.
Bessere Weinbergslagen: Auf der Platte, Eichelstein.

Spiesheim, verkehrt mit den Eisenbahnstationen Wörrstadt und Albig der Linie Mainz—Alzey.
Weinberge: ca. 85—90 Hektar mit einem Durchschnittsertrage von ca. 400 Stück **Weißwein** und ca. 2 Stück **Rothwein** — kl.
Traubensorten: Meistens Oesterreicher; etwas Riesling, Kleinberger, Traminer, Portugieser.
Bessere Weinbergslagen: Hinter der Kirche, Im alten Berg auf der Hütte.

Sulzheim, verkehrt mit den Eisenbahnstationen Wörrstadt der Linie Mainz — Alzey und Wallertheim der Linie Bingen—Alzey.
Weinberge: ca. 60 Hektar mit einem Durchschnittsertrage von ca. 300 Stück **Weißwein** — kl.
Traubensorten: Meistens Oesterreicher, etwas große Traminer und Portugieser.
Bessere Weinbergslagen: Schillberg, Altenberg, Partenheimer Weg.

Udenheim, verkehrt mit der Eisenbahnstation Niedersaulheim der Linie Mainz—Alzey.
Weinberge: ca. 80 Hektar mit einem Durchschnittsertrage von 300 Stück **Weißwein** und ca. 10 Stück **Rothwein** — kl.
Traubensorten: Meistens Oesterreicher, etwas Traminer und Portugieser.

Undenheim, verkehrt mit den Eisenbahnstationen Nierstein der Linie Mainz — Worms und Wörrstadt der Linie Mainz—Alzey.

Weinberge: ca. 20 Hektar mit einem Durchschnittsertrage von ca. 60 Stück **Weißwein** — kl.

Traubensorten: Meistens Oesterreicher, auch Riesling und etwas Portugieser.

Vendersheim, verkehrt mit den Eisenbahnstationen Wörrstadt der Linie Mainz—Alzey und Wallertheim der Linie Bingen—Alzey.

Weinberge: ca. 60 Hektar mit einem Durchschnittsertrage von ca. 200 Stück **Weißwein** — kl.

Traubensorten: Oesterreicher, Traminer, Portugieser.

Waldülversheim, verkehrt mit der Eisenbahnstation Guntersblum der Linie Mainz—Worms.

Weinberge: ca. 80 Hektar mit einem Durchschnittsertrage von ca. 200 Stück **Weißwein** und ca. 20 Stück **Rothwein** — kl.

Traubensorten: Meistens Oesterreicher; etwas Riesling und Portugieser.

Bessere Weinbergslage: Farrenberg.

Wallertheim, Eisenbahnstation der Linie Bingen-Alzey.

Weinberge: ca. 68 Hektar mit einem Durchschnittsertrage von ca. 100 Stück **Weißwein** — kl.

Traubensorten: Meistens Oesterreicher.

Weinolsheim, verkehrt mit der Eisenbahnstation Guntersblum der Linie Mainz—Worms.

Weinberge: ca. 40 Hektar mit einem Durchschnittsertrage von ca. 80 Stück **Weißwein** und ca. 1 Stück **Rothwein** — kl.

Traubensorten: Meistens Oesterreicher, etwas Kleinberger und Portugieser.

Wintersheim, verkehrt mit der Eisenbahnstation Alsheim der Linie Mainz—Worms.

Weinberge: ca. 14 Hektar mit einem Durchschnittsertrage von ca. 30 Stück **Weißwein** und ca. 2 Stück **Rothwein** — kl.

Traubensorten: Meistens Oesterreicher, etwas Riesling und Portugieser.

Wörrstadt, Eisenbahnstation der Linie Mainz — Alzey.

Weinberge: ca. 45 Hektar mit einem Durchschnittsertrage von ca. 200 Stück **Weißwein** und ca. 4 Stück **Rothwein** — kl.

Traubensorten: Meistens Oesterreicher, etwas Traminer, Kleinberger, Portugieser.

Wolfsheim, verkehrt mit den Eisenbahnstationen Sprendlingen und Wallertheim der Linie Bingen—Alzey.

Weinberge: ca. 50 Hektar mit einem Durchschnittsertrage von ca. 400 Stück **Weißwein** — kl.

Traubensorten: Meistens Oesterreicher und Kleinberger.

d) Kreis Alzey.

Albig, Eisenbahnstation der Linie Mainz-Alzey.

Weinberge: ca. 100 Hektar mit einem Durchschnittsertrage von 170—180 Stück **Weißwein** und 20—30 Stück **Rothwein** — kl.

Traubensorten: Oesterreicher, Riesling, Kleinberger, Traminer, Portugieser.

Bessere Weinbergslage: Hundskopf.

Alzey (mit **Schafhausen**), Eisenbahnstation.
>Weinberge: ca. 112 Hektar mit einem Durchschnittsertrage von ca. 110 Stück **Weißwein** und etwas **Rothwein** — kl.
>Traubensorten: Oesterreicher, Riesling, Traminer, weiße Burgunder, Portugieser.

Badenheim, Station der Nebenbahn Sprendlingen—Wöllstein.
>Weinberge: ca. 30 Hektar mit einem Durchschnittsertrage von ca. 100 Stück **Weißwein** — kl.
>Traubensorten: Oesterreicher, etwas Portugieser.

Bermersheim, verkehrt mit der Eisenbahnstation Albig der Linie Mainz—Alzey und Bingen—Alzey.
>Weinberge: ca. 25 Hektar mit einem Durchschnittsertrage von ca. 100 Stück **Weißwein** — kl.
>Traubensorten: Meistens Oesterreicher, etwas Kleinberger, Spätburgunder und Portugieser.

Biebelsheim, verkehrt mit der Eisenbahnstation Welgesheim-Zotzenheim der Linie Bingen—Alzey.
>Weinberge: ca. 50 Hektar mit einem Durchschnittsertrage von 70—80 Stück **Weißwein** — kl; klm.
>Traubensorten: Meistens Oesterreicher, etwas Riesling und Portugieser.

Bornheim, Eisenbahnstation der Linie Armsheim-Flonheim.
>Weinberge: ca. 50 Hektar mit einem Durchschnittsertrage von ca. 200 Stück **Weißwein** und ca. 10 Stück **Rothwein** — kl.
>Traubensorten: Meistens Oesterreicher, etwas Riesling, Gutedel, Traminer, Portugieser und St. Laurent.

Bessere Weinbergslagen: Wiesberg, Hütte.

Bosenheim, verkehrt mit der Eisenbahnstation Kreuznach und der Eisenbahnstation Sprendlingen der Linie Bingen—Alzey.
Weinberge: ca. 113 Hektar mit einem Durchschnittsertrage von ca. 300 Stück **Weißwein** — klm; m.
Traubensorten: Meistens Oesterreicher und Riesling; etwas Frühburgunder und Portugieser.
Bessere Weinbergslagen: Rosenberg.

Dautenheim, verkehrt mit den Eisenbahnstationen Alzey und Kettenheim der Linie Alzey—Worms.
Weinberge: ca. 10—12 Hektar mit einem Durchschnittsertrage von ca. 25 Stück **Weißwein** und $\frac{1}{2}$ Stück **Rothwein** — kl.
Traubensorten: Meistens Oesterreicher, etwas Portugieser.

Eckelsheim, verkehrt mit der Station Wöllstein der Nebenbahn Sprendlingen—Wöllstein.
Weinberge: ca. 45 Hektar mit einem Durchschnittsertrage von ca. 180 Stück **Weißwein** und ca. 20 Stück **Rothwein** — kl.
Traubensorten: Meistens Oesterreicher, etwas Portugieser.

Erbesbüdesheim, verkehrt mit der Eisenbahnstation Alzey.
Weinberge: ca. 50 Hektar mit einem Durchschnittsertrage von ca. 120 **Weißwein** — kl.
Traubensorten: Meistens Oesterreicher.

Flomborn & Dintesheim, verkehren mit der Station Eppelsheim der Linie Alzey—Worms.
Weinberge: ca. 6 Hektar mit einem Durchschnittsertrage von ca. 20 Stück **Weißwein** — kl.
Traubensorten: Oesterreicher, Riesling, Portugieser.
NB. Verkaufen den Wein nicht.

Flonheim, Eisenbahnstation der Zweigbahn Armsheim—Flonheim.

Weinberge: ca. 60 Hektar mit einem Durchschnittsertrage von ca. 150 Stück **Weißwein** und ca. 10 Stück **Rothwein** — kl.; klm.

Traubensorten: Meistens Oesterreicher, ziemlich viel Riesling; etwas Frühburgunder, Spätburgunder und Portugieser.

Bessere Weinbergslagen: Adelberg, Friedrichsberg, Bingerberg.

Framersheim, verkehrt mit der Eisenbahnstation Alzey.

Weinberge: ca. 100 Hektar mit einem Durchschnittsertrage von ca. 100—150 Stück **Weißwein** — kl.

Traubensorten: Meistens Oesterreicher; Riesling, Portugieser.

Freilaubersheim, verkehrt mit der Eisenbahnstation Kreuznach und der Nebenbahnstation Wöllstein der Linie Sprendlingen—Wöllstein.

Weinberge: ca. 40 Hektar mit einem Durchschnittsertrage von ca. 120 Stück **Weißwein** und ca. 10 Stück **Rothwein** — kl.

Traubensorten: Meistens Oesterreicher, etwas Riesling und Portugieser.

Bessere Weinbergslagen: Ohligkamp, Gehlenberg, Kirchberg, Bummel.

Fürfeld, verkehrt mit der Nebenbahnstation Wöllstein der Linie Sprendlingen — Wöllstein und der Eisenbahnstation Hochstätten im Alsenzthal.

Weinberge: ca. 50 Hektar mit einem Durchschnittsertrage von ca. 200 Stück **Weißwein** — kl.

Traubensorten: Meistens Oesterreicher, etwas Riesling.

Gumbsheim, verkehrt mit der Eisenbahnstation Wöllstein der Linie Sprendlingen—Wöllstein.

Weinberge: ca. 24 Hektar mit einem Durchschnittsertrage von ca. 100 Stück **Weißwein** — kl.

Traubensorten: Meistens Oesterreicher, etwas Traminer und Portugieser.

Hackenheim, verkehrt mit den Eisenbahnstationen Sprendlingen der Linie Bingen-Alzey und Kreuznach, sowie mit der Station Wöllstein der Nebenbahn Sprendlingen—Wöllstein.

Weinberge: ca. 85 Hektar mit einem Durchschnittsertrage von ca. 150 Stück **Weißwein** — kl.

Traubensorten: Oesterreicher, Traminer, Riesling; etwas Gutedel und Portugieser.

Bessere Weinbergslagen: Haide, Bock.

Heimersheim, verkehrt mit den Eisenbahnstationen Alzey und Albig der Linien Mainz—Alzey und Bingen—Alzey.

Weinberge: ca. 60 Hektar mit einem Durchschnittsertrage von ca. 300 Stück **Weißwein** und 10 Stück **Rothwein** — kl.

Traubensorten: Meistens Oesterreicher, etwas Riesling, Kleinberger und Portugieser.

Heppenheim, verkehrt mit der Eisenbahnstation Alzey.

Weinberge: ca. 15 Hektar mit einem Durchschnittsertrage von ca. 40 Stück **Weißwein** — kl.

Traubensorten: Meistens Oesterreicher.

Ippesheim, verkehrt mit den Eisenbahnstationen Kreuznach und Langenlonsheim der Linie Bingerbrück—Saarbrücken und Gensingen—Horrweiler der Linie Bingen—Alzey.
Weinberge: ca. 28 Hektar mit einem Durchschnittsertrage von ca. 60 Stück **Weißwein** — kl; klm.
Traubensorten: Meistens Oesterreicher; etwas Portugieser.
Bessere Weinbergslagen: Steiler, Keßler-Jungern.

Kettenheim, Eisenbahnstation der Linie Worms—Alzey.
Weinberge: ca. 8 Hektar mit einem Durchschnittsertrage von ca. 22 Stück **Weißwein** — kl.
Traubensorten: Meistens Oesterreicher, etwas Riesling, Gutedel, Tokayer und Portugieser.

Lonsheim, verkehrt mit der Eisenbahnstation Bornheim der Zweigbahnlinie Armsheim—Flonheim.
Weinberge: ca. 30 Hektar mit einem Durchschnittsertrage von ca. 120 Stück **Weißwein** und ca. 30 Stück **Rothwein** — kl.
Traubensorten: Oesterreicher, Traminer, Riesling, Kleinberger, Tokayer, Portugieser.

Neubamberg, verkehrt mit der Eisenbahnstation Kreuznach und der Station Wöllstein der Nebenbahn Sprendlingen—Wöllstein.
Weinberge: ca. 25—30 Hektar mit einem Durchschnittsertrage von ca. 90 Stück **Weißwein** — kl.
Traubensorten: Oesterreicher, Traminer, Riesling; etwas Portugieser.

Odernheim, verkehrt mit der Eisenbahnstation Alzey.
Weinberge: ca. 120 Hektar mit einem Durchschnittsertrage von ca. 450 Stück **Weißwein** und etwas **Rothwein** — kl.
Traubensorten: Meistens Oesterreicher; Portugieser.
Bessere Weinbergslagen: Petersberg, Hippel, Fuchsloch.

Pfaffenschwabenheim, verkehrt mit der Eisenbahnstation Sprendlingen der Linie Bingen—Alzey.

Weinberge: ca. 97 Hektar mit einem Durchschnittsertrage von ca. 200 Stück **Weißwein** — klm.

Traubensorten: Meistens Oesterreicher, ziemlich viel Riesling und Traminer.

Planig, verkehrt mit den Eisenbahnstationen Gensingen—Horrweiler und Welgesheim—Zotzenheim der Linie Bingen-Alzey.

Weinberge: ca. 94 Hektar mit einem Durchschnittsertrage von ca. 150 Stück **Weißwein** und etwas **Rothwein** — kl.; klm.

Traubensorten: Oesterreicher, Kleinberger, Riesling, Portugieser.

Pleitersheim, verkehrt mit der Eisenbahnstation Sprendlingen der Linie Bingen—Alzey.

Weinberge: ca. 12 Hektar mit einem Durchschnittsertrage von ca. 25 Stück **Weißwein** — kl.

Traubensorten: Oesterreicher, etwas Riesling und Kleinberger.

St. Johann, verkehrt mit der Eisenbahnstation Sprendlingen der Linie Bingen—Alzey.

Weinberge: ca. 125 Hektar mit einem Durchschnittsertrage von ca. 400 Stück **Weißwein** — kl.

Traubensorten: Meistens Oesterreicher; Kleinberger, Fleischtrauben; etwas Muskateller, Portugieser und Spätburgunder.

Siefersheim, verkehrt mit der Station Wöllstein der Nebenbahn Sprendlingen—Wöllstein.
Weinberge: ca. 70 Hektar mit einem Durchschnittsertrage von ca. 400 Stück **Weißwein** und ca. 20 Stück **Rothwein** — kl.
Traubensorten: Meistens Oesterreicher; Riesling, Kleinberger, Traminer, Ruländer, Spätburgunder und Portugieser.
Bessere Weinbergslagen: Kahlmelz, Büchsenstück, Mittelheid, Heiligenberg, Martinsberg.

Sprendlingen, Eisenbahnstation der Linie Bingen—Alzey.
Weinberge: ca. 260 Hektar mit einem Durchschnittsertrage von ca. 1000 Stück **Weißwein** — kl.
Traubensorten: Meistens Oesterreicher.
Bessere Weinbergslagen: Arach, Böhl.

Steinbockenheim, verkehrt mit der Station Wöllstein der Nebenbahn Sprendlingen—Wöllstein und der Eisenbahnstation Flonheim der Linie Armsheim—Flonheim.
Weinberge: ca. 20 Hektar mit einem Durchschnittsertrage von ca. 95 Stück **Weißwein** und ca. 5 Stück **Rothwein** — kl.
Traubensorten: Meistens Oesterreicher; etwas Portugieser.

Uffhofen, verkehrt mit der Eisenbahnstation Flonheim der Linie Armsheim—Flonheim.
Weinberge: ca. 50 Hektar mit einem Durchschnittsertrage von ca. 85 Stück **Weißwein** — kl.
Traubensorten: Meistens Oesterreicher; Riesling, Kleinberger, große Traminer, Portugieser.
Bessere Weinbergslagen: Kisselberg, Schnörchen, Mühlenpfad.

Volxheim, verkehrt mit der Station Wöllstein der Nebenbahn Sprendlingen—Wöllstein.

Weinberge: ca. 80 Hektar mit einem Durchschnittsertrage von ca. 300 Stück **Weißwein** und ca. 10 Stück **Rothwein** — kl.

Traubensorten: Meistens Oesterreicher; etwas Kleinberger und große Traminer; Portugieser.

Wahlheim, Eisenbahnstation der Linie Alzey—Kaiserslautern.

Weinberge: ca. 10 Hektar mit einem Durchschnittsertrage von ca. 25 Stück **Weißwein** — kl.

Traubensorten: Meistens Oesterreicher, etwas Tokayer, große Traminer, Riesling und Portugieser.

Weinheim, verkehrt mit der Eisenbahnstation Alzey.

Weinberge: ca. 52 Hektar mit einem Durchschnittsertrage von ca. 225 Stück **Weißwein** und ca. 5 Stück **Rothwein** — kl.

Traubensorten: Meistens Oesterreicher, etwas Riesling und Kleinberger; Portugieser.

Bessere Weinbergslagen: Heiligenblut, Hucker.

Welgesheim, Eisenbahnstation (Welgesheim=Zotzenheim) der Linie Bingen—Alzey.

Weinberge: ca. 47 Hektar mit einem Durchschnittsertrage von ca. 125 Stück **Weißwein** und ca. 10 Stück **Rothwein** — kl.

Traubensorten: Meistens Oesterreicher; Traminer; Portugieser.

Wendelsheim, verkehrt mit der Eisenbahnstation Flonheim der Linie Armsheim—Flonheim und der Station Wöllstein der Nebenbahn Sprendlingen—Wöllstein.
Weinberge: ca. 40 Hektar mit einem Durchschnittsertrage von ca. 140 Stück **Weißwein** — kl.
Traubensorten: Oesterreicher, Traminer, Kleinberger, Portugieser.

Wöllstein, Station der Nebenbahn Sprendlingen — Wöllstein.
Weinberge: ca. 55 Hektar mit einem Durchschnittsertrage von ca. 150 Stück **Weißwein** — kl.
Traubensorten: Meistens Oesterreicher, etwas Riesling, und Portugieser.
Bessere Weinbergslagen: Bautenberg, Höllberg.

Wonsheim, verkehrt mit der Station Wöllstein der Nebenbahn Sprendlingen—Wöllstein.
Weinberge: ca. 14 Hektar mit einem Durchschnittsertrage von ca. 70 Stück **Weißwein** und ca. 5 Stück **Rothwein** — kl.
Traubensorten: Meistens Oesterreicher; Kleinberger und etwas Portugieser.

Zotzenheim, Eisenbahnstation (Welgesheim—Zotzenheim) der Linie Bingen—Alzey.
Weinberge: ca. 90 Hektar mit einem Durchschnittsertrage von ca. 370 Stück **Weißwein** und ca. 2 Stück **Rothwein** — kl.
Traubensorten: Meistens Oesterreicher; etwas Riesling, Spätburgunder und Portugieser.
Bessere Weinbergslagen: Umgang, Hasensprung, Viehtrift, Mainzerweg mit Sändchen.

e) Kreis Worms.

Abenheim, verkehrt mit den Eisenbahnstationen Worms und Osthofen der Linie Mainz—Worms.

Weinberge: ca. 60 Hektar mit einem Durchschnittsertrage von ca. 180 Stück **Weißwein** und ca. 8 Stück **Rothwein** — kl.

Traubensorten: Meistens Riesling, etwas Oesterreicher und Portugieser.

Bessere Weinbergslagen: Klausenberg, Lerchelsberg.

Alsheim (mit **Hangenwahlheim**), Eisenbahnstation der Linie Mainz—Worms.

Weinberge: ca. 170 Hektar mit einem Durchschnittsertrage von ca. 350 Stück **Weißwein** — klm.

Traubensorten: Ungefähr 1/2 Riesling, 1/2 Oesterreicher; etwas Traminer und Portugieser.

Bessere Weinbergslagen: Hahl, Brechtel, Pappen, Goldberg, Karstweg, Sandhöhle, Sommerhäuschen, Brandehof.

Bechtheim, verkehrt mit den Eisenbahnstationen Mettenheim und Osthofen der Linie Mainz—Worms.

Weinberge: ca. 300 Hektar mit einem Durchschnittsertrage von ca. 600 Stück **Weißwein** und ca. 5 Stück **Rothwein** — klm.

Traubensorten: Meistens Oesterreicher, etwas Riesling, Portugieser.

Bessere Weinbergslagen: Berg, Geiersberg, Stein.

Bermersheim, verkehrt mit den Eisenbahnstationen Gundersheim und Niederflörsheim der Linie Alzey—Worms und Westhofen der Nebenbahn Osthofen-Westhofen.
Weinberge: ca. 6 Hektar mit einem Durchschnittsertrage von ca. 12 Stück **Weißwein** — kl.
Traubensorten: Meistens Oesterreicher, etwas Riesling, Portugieser.

Dalsheim, verkehrt mit der Eisenbahnstation Niederflörsheim der Linie Alzey—Worms.
Weinberge: ca. 36 Hektar mit einem Durchschnittsertrage von ca. 50 Stück **Weißwein** und ca. 10 Stück **Rothwein** — kl.
Traubensorten: Meistens Oesterreicher, Riesling, Tokayer, Portugieser.

Dittelsheim, verkehrt mit der Station Westhofen der Nebenbahn Osthofen-Westhofen.
Weinberge: ca. 100 Hektar mit einem Durchschnittsertrage von ca. 330 Stück **Weißwein** und etwas **Rothwein** — kl.
Traubensorten: Meistens Oesterreicher, Riesling, Traminer, Tokayer, Portugieser.
Bessere Weinbergslagen: Leckerberg, Hajerweg, Kirspel, Geiersberg, Sand.

Dorndürkheim, verkehrt mit der Eisenbahnstation Alsheim der Linie Mainz—Worms.
Weinberge: ca. 75 Hektar mit einem Durchschnittsertrage von ca. 250 Stück **Weißwein** und ca. 50 Stück **Rothwein** — kl.
Traubensorten: Meistens Oesterreicher, etwas Riesling, Portugieser.
Bessere Weinbergslagen: Hayer, Steinkaut.

Frettenheim, verkehrt mit der Eisenbahnstation Alsheim der Linie Mainz—Worms.

Weinberge: ca. 25 Hektar mit einem Durchschnittsertrage von ca. 70 Stück **Weißwein** und ca. 10 Stück **Rothwein** — kl.

Traubensorten: Meistens Oesterreicher; Portugieser.

Gimbsheim, verkehrt mit den Eisenbahnstationen Guntersblum und Alsheim der Linie Mainz—Worms.

Weinberge: ca. 25 Hektar mit einem Durchschnittsertrage von ca. 50 Stück **Weißwein** — kl.

Traubensorten: Meistens Oesterreicher, etwas Riesling und Portugieser.

Gundersheim, Eisenbahnstation der Linie Alzey—Worms.

Weinberge: ca. 80 Hektar mit einem Durchschnittsertrage von ca 200 Stück **Rothwein** und auch **Weißwein** — klm.

Traubensorten: Spätburgunder, Portugieser; Riesling, Oesterreicher, Tokayer, Traminer, weiße Burgunder.

Bessere Weinbergslagen: Hundsrück, Linde, Rothengrube, Stich, Höllenbrand.

Gundheim, verkehrt mit den Eisenbahnstationen Osthofen der Linie Mainz—Worms und Niederflörsheim der Linie Alzey—Worms und Westhofen der Nebenbahn Osthofen—Westhofen.

Weinberge: ca. 25 Hektar mit einem Durchschnittsertrage von ca. 25 Stück **Weißwein** — kl.

Traubensorten: Meistens Oesterreicher, etwas Riesling und Portugieser.

Hangenweisheim, verkehrt mit der Eisenbahnstation Eppelsheim der Linie Alzey—Worms.
Weinberge: ca. 10 Hektar mit einem Durchschnittsertrage von ca. 15 Stück **Weißwein** und etwas **Rothwein** — kl.
Traubensorten: Oesterreicher, Riesling, Tokayer, Portugieser.

Heppenheim an der Wiese, Station der Nebenbahn Worms—Offstein.
Weinberge: ca. 60 Hektar mit einem Durchschnittsertrage von ca. 60 Stück **Weißwein** und etwas **Rothwein** — kl.
Traubensorten: Riesling, Oesterreicher, Gutedel, Portugieser.
Bessere Weinbergslage: Affenberg.

Herrnsheim, verkehrt mit der Eisenbahnstation Worms.
Weinberge: ca. 40 Hektar mit einem Durchschnittsertrage von ca. 60 Stück **Weißwein** und ca. 5 Stück **Rothwein** — klm.
Traubensorten: Meistens Oesterreicher und Riesling; etwas Gutedel, Ruländer und Portugieser.

Hessloch, verkehrt mit den Eisenbahnstationen Alsheim, Mettenheim und Osthofen der Linie Mainz—Worms.
Weinberge: ca. 80 Hektar mit einem Durchschnittsertrage von ca. 120 Stück **Weißwein** und ca. 25 Stück **Rothwein** — kl.
Traubensorten: Riesling, Oesterreicher, Traminer, Gutedel, Portugieser.

Hochheim an der Pfrimm, verkehrt mit der Eisenbahnstation Worms.
Weinberge: ca. 20 Hektar mit einem Durchschnittsertrage von ca. 40 Stück **Weißwein** — kl.
Traubensorten: Meistens Riesling, etwas Oesterreicher und Portugieser.

Hohensülzen, Eisenbahnstation der Linie Alzey—Monsheim—Dürkheim.

Weinberge: ca. 16 Hektar mit einem Durchschnittsertrage von ca. 20 Stück **Weißwein** — kl.

Traubensorten: Meistens Riesling; Oesterreicher: Traminer; Portugieser.

Bessere Weinbergslagen: Zerrweg mit dem Kestenberg, Grundgewann.

Horchheim, Station der Nebenbahn Worms—Offstein.

Weinberge: ca. 28 Hektar mit einem Durchschnittsertrage von ca. 35 Stück **Weißwein** und ½ Stück **Rothwein** — kl.

Traubensorten: Meistens Riesling, Oesterreicher und Portugieser.

Bessere Weinbergslage: Goldberg, Hausmühle.

Kriegsheim, verkehrt mit der Eisenbahnstation Monsheim der Linie Alzey—Worms.

Weinberge: ca. 25 Hektar mit einem Durchschnittsertrage von ca. 26 Stück **Weißwein** und ca. 14 Stück **Rothwein** — kl.

Traubensorten: Meistens Oesterreicher, etwas Riesling; Tokayer, Traminer, Portugieser.

Leiselheim, verkehrt mit der Eisenbahnstation Pfiffligheim der Linie Alzey—Worms.

Weinberge: ca. 25 Hektar mit einem Durchschnittsertrage von ca. 75 Stück **Weißwein** und 4 Stück **Rothwein** — kl; klm.

Traubensorten: Meistens Riesling; Oesterreicher, Portugieser und St. Laurent.

Mettenheim, Eisenbahnstation der Linie Mainz-Worms.

Weinberge: ca. 100 Hektar mit einem Durchschnittsertrage von ca. 400 Stück **Weißwein** und etwas **Rothwein** — kl; klm.

Traubensorten: Oesterreicher, Riesling, Traminer, Portugieser.

Mölsheim, Eisenbahnstation (Wachenheim-Mölsheim) der Linie Worms—Monsheim—Marnheim.

Weinberge: ca. 90 Hektar mit einem Durchschnittsertrage von ca. 80 Stück **Weißwein** und 16 Stück **Rothwein** — kl.

Traubensorten: Meistens Oesterreicher; Tokayer; Traminer, Gewürztraminer, Riesling, Portugieser, St. Laurent.

Bessere Weinbergslagen: Silberberg, Rothenbusch, Holzschuck, Zellerweg.

Mörstadt, verkehrt mit den Eisenbahnstationen Nieder-Flörsheim und Pfeddersheim der Linie Alzey—Worms.

Hat etwas Weinbau und kultivirt folgende Traubensorten: Meistens Oesterreicher; etwas Riesling und Portugieser.

Monsheim, Eisenbahnstation an den Linien Worms — Bingen und Worms—Kaiserslautern.

Weinberge: ca. 37 Hektar mit einem Durchschnittsertrage von ca. 85 Stück **Weißwein** und ca. 5 Stück **Rothwein** — kl.

Traubensorten: Meistens Oesterreicher; etwas Riesling und Portugieser.

Bessere Weinbergslagen: Wingertsberg, Halt.

Monzernheim, verkehrt mit der Station Westhofen der Nebenbahn Osthofen—Westhofen.

Weinberge: ca. 50 Hektar (in Nachbargemarkungen noch ca. 40 Hektar). Durchschnittsertrag ca. 200 Stück Weißwein und ca. 15 Stück Rothwein — kl.

Traubensorten: Meistens Oesterreicher; ca. 1/5 Riesling; ferner Tokayer und Portugieser.

Bessere Weinbergslagen: Rotherde, Pfeffererde, Niersteiner Gewännchen, Steinel, Letten, Käfergrund.

Niederflörsheim, Eisenbahnstation der Linie Alzey—Worms.

Weinberge: ca. 50 Hektar mit einem Durchschnittsertrage von ca. 150 Stück Weißwein und ca. 15 Stück Rothwein — kl.

Traubensorten: Meistens Oesterreicher; etwas Riesling und Portugieser.

Bessere Weinbergslagen: Höhnenweg, Frauenberg, Platte, Haarschnur.

Oberflörsheim, verkehrt mit der Eisenbahnstation Eppelsheim der Linie Alzey—Worms.

Weinberge: ca. 8 Hektar, deren Ertrag die Landwirthe meistens selbst verbrauchen.

Traubensorten: Meistens Oesterreicher.

Offstein, Station der Nebenbahn Worms—Offstein.

Weinberge: ca. 7 Hektar mit einem Durchschnittsertrage von ca. 10 Stück Weißwein — kl.

Traubensorten: Riesling, Oesterreicher, Portugieser.

Osthofen, Eisenbahnstation der Linie Mainz—Worms.
  Weinberge: ca. 215 Hektar mit einem Durchschnittsertrage von ca. 820 Stück Weißwein und ca. 40 Stück Rothwein — kl; klm.
  Traubensorten: Oesterreicher, Riesling, Portugieser.
  Bessere Weinbergslagen: Goldberg, Mannberg, Schnapp, Wölm, Hasenbiß, Köhm.

Pfeddersheim, Eisenbahnstation der Linie Alzey-Worms.
  Weinberge: ca. 60 Hektar mit einem Durchschnittsertrage von ca. 120 Stück Weißwein — kl; klm.
  Traubensorten: Meistens Riesling und Oesterreicher; etwas Traminer und Portugieser.
  Bessere Weinbergslagen: Graben, Fohndel, Hohberg.

Pfiffligheim, Eisenbahnstation der Linie Alzey—Worms.
  Weinberge: ca. 20 Hektar mit einem Durchschnittsertrage von ca. 60 Stück Weißwein — kl.
  Traubensorten: Meistens Riesling; auch Oesterreicher.

Wachenheim an der Pfrimm, Eisenbahnstation der Linie Worms—Monsheim—Marnheim.
  Weinberge: ca. 20 Hektar mit einem Durchschnittsertrage von ca. 80 Stück Weißwein und ca. 20 Stück Rothwein — kl.
  Traubensorten: Oesterreicher und Portugieser.

Weinsheim, verkehrt mit der Station Horchheim der Nebenbahn Worms—Offstein.
  Weinberge: ca. 5 Hektar mit einem Durchschnittsertrage von ca. 10 Stück Weißwein — kl.
  Traubensorten: Oesterreicher, Riesling, Portugieser.

Westhofen, Station der Nebenbahn Osthofen-Westhofen.

Weinberge: ca. 130 Hektar mit einem Durchschnittsertrage von ca. 350 Stück **Weißwein** und ca. 25 Stück **Rothwein** — kl; klm.

Traubensorten: Meistens Oesterreicher; auch Riesling, Burgunder und Portugieser.

Bessere Weinbergslagen: Gries, Kirschspiel, Abserde, Brunnenhäuschen.

Wiesoppenheim, verkehrt mit der Station Horchheim der Nebenbahn Worms—Offstein.

Weinberge: ca. 12 Hektar mit einem Durchschnittsertrage von ca. 12 Stück **Weißwein** — kl.

Traubensorten: Oesterreicher, Riesling, Portugieser.

Worms, Eisenbahnstation.

Weinberge: ca. 30 Hektar mit einem Durchschnittsertrage von ca. 48 Stück **Weißwein** — kl; klm; m/mf; mf.

Traubensorten: Meistens Riesling; Oesterreicher.

Bessere Weinbergslagen: Liebfrauenstift, (Liebfraumilch — f;) Katterloch.

Das Nahegebiet.

Im allgemeinen ist das Nahegebiet geographisch zu bestimmen durch den Lauf der Nahe von etwa Martinstein an abwärts bis zur Mündung in den Rhein bei Bingen. Auf dieser Strecke zuerst nur preußisches Gebiet durchfließend, berührt die Nahe zwischen Sobernheim und Münster am Stein rechts auch ein Stück der bayrischen Rheinpfalz und sie bildet von etwas unterhalb der Stadt Kreuznach an die Grenze zwischen der preußischen Rheinprovinz und der Provinz Rheinhessen des Großherzogthums Hessen.

Man zählt jedoch nicht alle im Nahethal wachsenden Weine zu den Naheweinen, denn die am unteren Laufe der Nahe auf der rechten Seite, d. h. auf rheinhessischem Boden gedeihenden Weine gelten in der Gegenwart allgemein als rheinhessisches Gewächs. Es ist aber zu beachten, daß dieser Brauch in früheren Zeiten, als eine Provinz Rheinhessen noch gar nicht existirte, nicht bestanden hat, woran man jetzt zuweilen noch erinnert wird. Man begegnet z. B. heute noch der veralteten Gewohnheit, den berühmten Scharlachberger vom südlichen Abhange des an der Nahemündung gelegenen Rochusberges zu den Naheweinen zu rechnen.

Die übrigen im Nahethale selbst oder in der Nähe produzirten Weine sind die eigentlichen Naheweine und ihnen schließen sich an die Weine aus dem unteren Alsenzthale und seiner Nachbarschaft, sowie ferner die Weine aus dem unteren Glanthale. Glan und Alsenz sind Nebenflüsse der Nahe. Die eigentlichen Naheweine wachsen zum weitaus größten Theile im preußischen Kreise Kreuznach und ein geringes Quantum derselben im preußischen Kreise Meisenheim; die Weine des Glanthales im Kreise Meisenheim und im bayrischen Kreise Pfalz und die Weine des Alsenzthales im Kreise Pfalz, so daß sich für die folgende Aufzählung der Weinbauorte des Nahegebietes die gleiche Eintheilung ergibt:

a) **Kreis Kreuznach (preuß.)**
b)   „ **Meisenheim (preuß.)**
c)   „ **Pfalz (bayr.)**

Der Weinbau im Kreise Kreuznach erstreckt sich über die zum Theil steilen, felsigen, zum Theil sanfter geneigten Hänge des Nahethales selbst und über die östliche Abdachung des Hundsrücks, wo er an manchen Stellen ziemlich hoch hinaufgeht. Kreuznach ist in weinbaulicher Beziehung das Herz des Produktionslandes und in unmittelbarer Nähe der Stadt wächst der berühmteste Nahewein, der Kauzenberger. Auch einige andere Gemarkungen ragen über das allgemeine Niveau hinaus, so daß an der Nahe sowohl kleine Weine, als auch angehende und bessere Mittelweine in Menge produzirt werden. Auch mittelfeine Weine werden erzielt, und hie und da mag die Qualität noch höher zu taxiren sein, doch fehlt es an eigentlichen Hochgewächsen. Der Nahewein erfreut sich übrigens eines vorzüglichen Rufes und wird als raciger, kräftiger Wein von feiner Art sehr geschätzt und vom Handel gern gekauft.

Die Glan- und Alsenzweine sind kleine Weine oder angehende Mittelweine, rangiren im allgemeinen nach den Naheweinen, gelten aber als sehr kräftig und schwer und werden deshalb vom Handel ebenfalls gern aufgenommen.

Der Rebensatz im Nahegebiet ist ungefähr derselbe wie in Rheinhessen. Auch hier dominirt die Rebensorte Oesterreicher, wenn auch nicht in gleichem Maße wie in Rheinhessen, aber es gibt auch Gemarkungen mit viel Riesling, welche in guten Jahren Weine von ganz prächtiger Art liefern. Im Nahegebiet, besonders in Gemeinden der Umgegend von Kreuznach, pflegt sich im Herbste ein ziemlich bedeutender Traubenhandel einzustellen.

Die Preise im Nahegebiet korrespondiren gewöhnlich mit den Preisen in Rheinhessen und sie können steigen bis etwa Mk. 2500.— pro Stück, welchen Werth die besten Naheweine in guten Jahren erreichen.

Das Nahegebiet ist gut aufgeschlossen durch die im Nahethale aufwärts gehende Eisenbahnstrecke Bingerbrück—Saarbrücken, durch die Linie Langenlonsheim — Simmern und durch die Bahn des Alsenzthales. Für den Verkehr nach Süden kommt auch die Strecke Kaiserslautern—Lauterecken der Pfälzischen Bahn in Betracht.

Die Weinbauorte des Nahegebietes.

a) Kreis Kreuznach.

Bingerbrück, Eisenbahnstation.

Weinberge: ca. 100 Hektar mit einem Durchschnittsertrage von ca. 125 Stück **Weißwein** — klm; m; m/mf; mf.

Traubensorten: Oestereicher, Riesling, Ruländer.

Bessere Weinbergslagen: Mühe, Benediktusgarten und Hunstriegel.

Bockenau, verkehrt mit den Eisenbahnstationen Waldböckelheim und Sobernheim der Linie Bingerbrück—Saarbrücken.

Weinberge: ca. 31 Hektar mit einem Durchschnittsertrage von ca. 130 Stück **Weißwein** — kl.

Traubensorten: Meistens Oesterreicher.

Boos, verkehrt mit der Eisenbahnstation Waldböckelheim der Linie Bingerbrück—Saarbrücken.

Weinberge: ca. 13 Hektar, deren Ertrag in **Weißwein** meistens im Herbste verkauft wird — kl.

Traubensorten: Meistens Oesterreicher und Riesling.

Braunweiler, verkehrt mit der Eisenbahnstation Kreuznach.

Weinberge: ca. 12 Hektar mit einem Durchschnittsertrage von ca. 80 Stück **Weißwein** und 2 Stück **Rothwein** — kl.

Traubensorten: Meistens Oesterreicher, Gutedel, auch etwas Portugieser.

Bretzenheim, Eisenbahnstation der Linie Bingerbrück—
Saarbrücken.
Weinberge: ca. 103 Hektar mit einem Durchschnitts-
ertrage von ca. 350 Stück **Weißwein** und ca. 20 Stück
Rothwein — klm.
Traubensorten: Oesterreicher, Kleinberger, Traminer,
Gutedel, Riesling, Spätburgunder, Portugieser.
Bessere Weinbergslagen: Mehnik, Naumberg.

Burgsponheim, verkehrt mit der Eisenbahnstation Waldböckelheim der Linie Bingerbrück—Saarbrücken.
Weinberge: ca. 18 Hektar mit einem Durchschnittsertrage
von ca. 40—50 Stück **Weißwein** —kl.
Traubensorten: Meistens Oesterreicher, etwas Riesling.

Dalberg, verkehrt mit der Eisenbahnstation Kreuznach.
Weinberge: ca. 20 Hektar mit einem Durchschnittsertrage
von ca. 60 Stück **Weißwein** — kl.
Traubensorten: Oesterreicher, Riesling, Traminer, Gutedel.

Dorsheim, verkehrt mit der Eisenbahnstation Bingerbrück.
Weinberge: ca. 50 Hektar mit einem Durchschnittsertrage
von ca. 75 Stück **Weißwein** — kl; klm.
Traubensorten: Riesling, Oesterreicher, Traminer, Klein-
berger.
Bessere Weinbergslagen: Goldloch, Burgberg.

Eckenroth, verkehrt mit der Eisenbahnstation Schweppen-
hausen der Line Langenlonsheim—Simmern.
Weinberge: ca. 22 Hektar mit einem Durchschnittsertrage
von ca. 60 Stück **Weißwein** — kl.
Traubensorten: Meistens Oesterreicher, etwas Riesling,
Kleinberger und Tokayer.
Bessere Weinbergslage: Gehenberg.

Genheim, verkehrt mit der Eisenbahnstation Schweppenhausen der Linie Langenlonsheim—Simmern.

Weinberge: ca. 3 Hektar in der eigenen Gemarkung, aber außerdem viele Weinberge in der benachbarten Gemarkung Waldlaubersheim. Durchschnittsertrag: ca. 100 Stück **Weißwein** — kl.

Traubensorten: Oesterreicher, Riesling, Gutedel.

Gutenberg, verkehrt mit den Eisenbahnstationen Windesheim der Linie Langenlonsheim—Simmern und Kreuznach.

Weinberge: ca. 40 Hektar mit einem Durchschnittsertrage von ca. 150 Stück **Weißwein** — kl.

Traubensorten: Meistens Oesterreicher, etwas Riesling und Kleinberger.

Bessere Weinbergslagen: Fels, Schloßberg, Neuweg, Stein.

Hargesheim, verkehrt mit der Eisenbahnstation Kreuznach.

Weinberge: ca. 20 Hektar mit einem Durchschnittsertrage von ca. 120 Stück **Weißwein** und 1 Stück **Rothwein** — kl.

Traubensorten: Riesling, Oesterreicher, Gutedel.

Bessere Weinbergslagen: Kronenberg, Straußwald, Auf dem Klopft, Vorderer Hartrech.

Heddesheim, Eisenbahnstation der Linie Langenlonsheim —Simmern.

Weinberge: ca. 150 Hektar mit einem Durchschnittsertrage von ca. 410 Stück **Weißwein** — kl; klm.

Traubensorten: Oesterreicher, Kleinberger, Traminer, Riesling.

Bessere Weinbergslagen: Steiler, Hipperich, Berg.

Hergenfeld, verkehrt mit den Eisenbahnstationen Windesheim der Linie Langenlonsheim—Simmern und Kreuznach).
  Weinberge: ca. 12 Hektar mit einem Durchschnittsertrage von ca. 70 Stück Weißwein — kl.
  Traubensorten: Oesterreicher, Riesling, Burgunder, Portugieser.

Hüffelsheim, verkehrt mit den Eisenbahnstationen Kreuznach und Münster am Stein der Linie Bingerbrück—Saarbrücken.
  Weinberge: ca. 30 Hektar mit einem Durchschnittsertrage von ca. 120 Stück Weißwein — klm.
  Traubensorten: Meistens Oesterreicher, etwas Riesling, Burgunder und Portugieser.
  Bessere Weinbergslagen: Gutenhölle, Steiger, Mönchberg, Schmalberg.

Kreuznach, Eisenbahnstation.
  Weinberge: ca. 480 Hektar mit einem Durchschnittsertrage von ca. 1200 Stück Weißwein — klm; m; m/mf; f.
  Traubensorten: Oesterreicher, Traminer, Riesling.
  Bessere Weinbergslagen: Kauzenberg, Brückes, Hinkelstein, Belz.

Langenlonsheim, Eisenbahnstation der Linie Bingerbrück—Saarbrücken.
  Weinberge: ca. 260 Hektar mit einem Durchschnittsertrage von ca. 950 Stück Weißwein und ca. 5 Stück Rothwein — kl; klm.
  Traubensorten: Oesterreicher, Kleinberger, Traminer, Riesling, Spätburgunder, Portugieser.
  Bessere Weinbergslagen: Rothenberg, Epchenpfad, Löhr.

Laubenheim an der Nahe, Eisenbahnhaltestelle der Linie Bingerbrück—Saarbrücken.

Weinberge: ca. 141 Hektar mit einem Durchschnittsertrage von ca. 300 Stück **Weißwein** und ca. 5 Stück **Rothwein** — klm.

Traubensorten: Oesterreicher, Riesling, Traminer, Kleinberger, Ruländer, Frühburgunder, Portugieser.

Bessere Weinbergslagen: Platte, Remiger, Fuchsen, Vogelsgesang.

Mandel, verkehrt mit der Eisenbahnstation Kreuznach.

Weinberge: ca. 52 Hektar mit einem Durchschnittsertrage von ca. 120 Stück **Weißwein** — kl.

Traubensorten: Riesling, Oesterreicher, etwas Kleinberger.

Bessere Weinbergslagen: Palmstein, Rosengarten, Dellchen.

Martinstein, Eisenbahnstation der Linie Bingerbrück—Saarbrücken.

Weinberge: ca. 3 Hektar mit einem Durchschnittsertrage von einigen Stück **Weißwein** und **Rothwein** — kl.

Traubensorten: Oesterreicher, Riesling, Traminer, Gutedel, Spätburgunder.

Monzingen, Eisenbahnstation der Linie Bingerbrück—Saarbrücken.

Weinberge: ca. 96 Hektar mit einem Durchschnittsertrage von ca. 150 Stück **Weißwein** — kl.

Traubensorten: Riesling, Oesterreicher, Ruländer.

Münster bei Bingerbrück, verkehrt mit der Eisenbahnstation Bingerbrück.
Weinberge: ca. 90 Hektar mit einem Durchschnittsertrage von ca. 400 Stück **Weißwein** und ca. 10 Stück **Rothwein** — klm; m.
Traubensorten: Meistens Oesterreicher, Kleinberger, Riesling; etwas Traminer, Frühburgunder und Portugieser.
Bessere Weinbergslagen: Dautenpflänzer, Langenberg, Fiebersberg, Sendel, Kapellenberg.

Münster am Stein, Eisenbahnstation der Linie Bingerbrück—Saarbrücken und der Alsenzbahn.
Weinberge: ca. 40–45 Hektar mit einem Durchschnittsertrage von ca. 150 Stück **Weißwein** — klm; m; m/mf; mf.
Traubensorten: Riesling.
Bessere Weinbergslagen: Rothenfels, Stegfels.

Niederhausen, Eisenbahnstation der Linie Bingerbrück—Saarbrücken.
Weinberge: ca. 75—80 Hektar mit einem Durchschnittsertrage von ca. 220–250 Stück **Weißwein** — kl; klm.
Traubensorten: Riesling, Oesterreicher.
Bessere Weinbergslagen: Steiger, Hermannshöhle.

Norheim, verkehrt mit der Eisenbahnstation Münster am Stein der Linie Bingerbrück—Saarbrücken.
Weinberge: ca. 60 Hektar mit einem Durchschnittsertrage von ca. 200 Stück **Weißwein** — klm; m.
Traubensorten: $^2/_3$ Riesling; $^1/_3$ Oesterreicher.
Bessere Weinbergslagen: Hinterfels, Dälchen, Kahfels, Morbellant, Kirschheck, Hasselberg, Leiterech.

Nussbaum, verkehrt mit der Eisenbahnstation Monzingen der Linie Bingerbrück—Saarbrücken.
Weinberge: ca. 10 Hektar mit einem Durchschnittsertrage von ca. 50 Stück **Weißwein** — kl; klm.
Traubensorten: Meistens Oesterreicher, etwas Riesling, Kleinberger, Ruländer, Traminer.
Bessere Weinbergslagen: Hellenberg, Ribberstich.

Oberstreit, verkehrt mit der Eisenbahnstation Staubernheim der Linie Bingerbrück—Saarbrücken.
Weinberge: ca. 5—6 Hektar mit einem Durchschnittsertrage von ca. 25 Stück **Weißwein** — kl.
Traubensorten: ³/₄ Oesterreicher; Kleinberger, Ruländer, Riesling, Burgunder.

Roxheim, verkehrt mit der Eisenbahnstation Kreuznach.
Weinberge: ca. 64 Hektar mit einem Durchschnittsertrage von ca. 160 Stück **Weißwein** — klm.
Traubensorten: Oesterreicher, Riesling.
Bessere Weinbergslagen: Birkenberg, Höllenpfad, Hüttenberg.

Rüdesheim bei Kreuznach, verkehrt mit der Eisenbahnstation Kreuznach.
Weinberge: ca. 16 Hektar mit einem Durchschnittsertrage von ca. 60 Stück **Weißwein** — kl.
Traubensorten: Meistens Oesterreicher, etwas Riesling.

Rümmelsheim, verkehrt mit der Eisenbahnstation Bingerbrück.
Weinberge: ca. 50 Hektar mit einem Durchschnittsertrage von ca. 200 Stück **Weißwein** kl; klm.
Traubensorten: Meistens Oesterreicher; etwas Riesling, Traminer, Kleinberger.

St. Catharinen, verkehrt mit der Eisenbahnstation Kreuznach.
Weinberge: ca. 4½ Hektar mit einem Durchschnittsertrage von ca. 10 Stück **Weiß-** und **Rothwein** — kl.
Traubensorten: Meistens Burgunder.

Sarmsheim, verkehrt mit der Eisenbahnstation Bingerbrück.
Weinberge: ca. 65 Hektar mit einem Durchschnittsertrage von ca. 200 Stück **Weißwein** — klm; m; m/mf.
Traubensorten: Meistens Oesterreicher; Riesling, Kleinberger.
Bessere Weinbergslagen: Mühleberg, Pittersberg.

Schöneberg, verkehrt mit der Eisenbahnstation Schweppenhausen der Linie Langenlonsheim—Simmern.
Weinberge: ca. 12 Hektar mit einem Durchschnittsertrage von ca. 30 Stück **Weißwein** — kl.
Traubensorten: Meistens Oesterreicher; Kleinberger, Riesling.
Bessere Weinbergslage: Schäffersley.

Schweppenhausen, Eisenbahnstation der Linie Langenlonsheim—Simmern.
Weinberge: ca. 55 Hektar mit einem Durchschnittsertrage von ca. 250 Stück **Weißwein** — kl.
Traubensorten: Diverse Sorten gemischt mit Riesling.

Sobernheim, Eisenbahnstation der Linie Bingerbrück—Saarbrücken.
Weinberge: ca. 25 Hektar mit einem Durchschnittsertrage von ca. 75 Stück **Weißwein** — kl; klm.
Traubensorten: Meistens Oesterreicher, Riesling, Gutedel; etwas Kleinberger und einige andere Sorten.
Bessere Weinbergslage: Rosenberg.

Sommerloch, verkehrt mit der Eisenbahnstation Kreuznach).

Weinberge: ca. 20 Hektar mit einem Durchschnittsertrage von ca. 50 Stück **Weißwein** — kl.

Traubensorten: Meistens Oesterreicher, Riesling, Kleinberger, Gutedel, Traminer, Portugieser.

Bessere Weinbergslage: Steinrossel.

Sponheim, verkehrt mit der Eisenbahnstation Waldböckelheim der Linie Bingerbrück—Saarbrücken.

Weinberge: ca. 19 Hektar, deren Ertrag in **Weißwein** — kl — meistens im Herbste verkauft wird.

Traubensorten: Oesterreicher, Riesling.

Thalböckelheim, verkehrt mit der Eisenbahnstation Waldböckelheim der Linie Bingerbrück—Saarbrücken.

Weinberge: ca. 25 Hektar mit einem Durchschnittsertrage von ca. 100 Stück **Weißwein** — klm; m; m/mf.

Traubensorten: Meistens Riesling; Oesterreicher, Kleinberger.

Bessere Weinbergslage: Schloßböckelheim.

Traisen, verkehrt mit der Eisenbahnstation Münster am Stein der Linie Bingerbrück—Saarbrücken.

Weinberge: ca. 40 Hektar mit einem Durchschnittsertrage von ca. 180 Stück **Weißwein** — klm; m; m/mf.

Traubensorten: Meistens Riesling; etwas Oesterreicher und Kleinberger.

Bessere Weinbergslagen: Rothenfels, Götzenfels, Legesberg.

Waldböckelheim, Eisenbahnstation der Linie Bingerbrück—Saarbrücken..

Weinberge: ca. 60 Hektar mit einem Durchschnittsertrage von ca. 250 Stück **Weißwein** — klm.

Traubensorten: Riesling, Oesterreicher.

Bessere Weinbergslagen: Mühlberg, Mühlweg.

Waldhilbersheim, verkehrt mit der Eisenbahnstation Heddesheim der Linie Langenlonsheim—Simmern.

Weinberge: ca. 65 Hektar mit einem Durchschnittsertrage von ca. 250 Stück **Weißwein** und ca. 2 Stück **Rothwein** — kl; klm.

Traubensorten: Meistens Oesterreicher, Riesling, Kleinberger, Traminer.

Bessere Weinbergslagen: Arrach, Putterberg, Anger, Schüsselsberg.

Waldlaubersheim, verkehrt mit den Eisenbahnstationen Windesheim der Linie Langenlonsheim — Simmern und Bingerbrück.

Weinberge: ca. 41 Hektar mit einem Durchschnittsertrage von 80—90 Stück **Weißwein** — kl.

Traubensorten: Meistens Oesterreicher und Kleinberger.

Wallhausen, verkehrt mit der Eisenbahnstation Kreuznach.

Weinberge: ca. 115 Hektar mit einem Durchschnittsertrage von ca. 500 Stück **Weißwein** — kl.

Traubensorten: Oesterreicher, Riesling, Traminer, Gutedel.

Bessere Weinbergslagen: Johannsberg, Rotheberg, Hundsgasse.

Weiler bei Bingerbrück, verkehrt mit der Eisenbahnstation Bingerbrück.

Weinberge: ca. 80 Hektar mit einem Durchschnittsertrage von ca. 150 Stück **Weißwein** — klm.

Traubensorten: Oesterreicher; etwas Frühburgunder.

Bessere Weinbergslage: Rechte Müch.

Weiler bei Monzingen, verkehrt mit der Eisenbahnstation Martinstein der Linie Bingerbrück—Saarbrücken.

Weinberge: ca. 48 Hektar mit einem Durchschnittsertrage von ca. 130 Stück **Weißwein** und ca. 3 Stück **Rothwein** — kl; klm.

Traubensorten: Meistens Riesling; etwas Oesterrreicher, Ruländer, Frühburgunder.

Weinsheim, verkehrt mit der Eisenbahnstation Kreuznach.

Weinberge: ca. 50 Hektar mit einem Durchschnittsertrage von ca. 400 Stück **Weißwein** — kl.

Traubensorten: Kleinberger, Oesterreicher, etwas Riesling, Gutedel.

Windesheim, Eisenbahnstation der Linie Langenlonsheim—Simmern.

Weinberge: ca. 85 Hektar mit einem Durchschnittsertrage von ca. 400 Stück **Weißwein** und ca. 10 Stück **Rothwein** — kl; klm.

Traubensorten: Oesterreicher, Kleinberger, etwas Riesling und Portugieser.

Bessere Weinbergslagen: Preiselberg, Hüttenberg, in der Fels, Römerich.

Winzenheim, verkehrt mit der Eisenbahnstation Kreuznach.
Weinberge: ca. 65 Hektar mit einem Durchschnittsertrage von ca. 200 Stück **Weißwein** — klm.
Traubensorten: Riesling; etwas Oesterreicher.
Bessere Weinbergslagen: Wehenau, Brauen, Berg, Setzling, Metzler, Hundslauf, Pfingstatt.

b) Kreis Meisenheim.

Breitenheim, verkehrt mit den Eisenbahnstationen Lauterecken der Pfälzischen Bahn und Staudernheim der Linie Bingerbrück—Saarbrücken.
Weinberge: ca. 28 Hektar mit einem Durchschnittsertrage von ca. 20 Stück **Weißwein** — kl.
Traubensorten: Meistens Riesling; Oesterreicher, Traminer und einige andere Sorten.
Bessere Weinbergslage: Bollebübche.

Kirschroth, verkehrt mit der Eisenbahnstation Sobernheim der Linie Bingerbrück—Saarbrücken.
Weinberge: ca. 20 Hektar mit einem Durchschnittsertrage von ca. 60 Stück **Weißwein** — kl.
Traubensorten: Riesling und einige anderen Sorten.

Medard, verkehrt mit der Eisenbahnstation Lauterecken der Pfälzischen Bahn.
Weinberge: ca. 10 Hektar mit einem Durchschnittsertrage von ca. 30 Stück **Weißwein** — kl.
Traubensorten: Traminer, Riesling, Oesterreicher, Gutedel.

Meddersheim, verkehrt mit der Eisenbahnstation Sobern=
heim der Linie Bingerbrück—Saarbrücken.
Weinberge: ca. 53 Hektar mit einem Durchschnittsertrage
von ca. 135 Stück **Weißwein** — kl.
Bessere Weinbergslagen: Birkenfeld, Scheerendell, an
der Hell.

Merxheim, verkehrt mit der Eisenbahnstation Martinstein
der Linie Bingerbrück—Saarbrücken.
Weinberge: ca. 54 Hektar mit einem Durchschnittsertrage
von ca. 90 Stück **Weißwein** — kl.
Bessere Weinbergslage: Aresbach.

Meisenheim, verkehrt mit den Eisenbahnstationen Stau=
dernheim der Linie Bingerbrück — Saarbrücken und
Lauterecken der Pfälzischen Bahn.
Weinberge: ca. 83 Hektar mit einem Durchschnittsertrage
von ca. 100 Stück **Weißwein** und ca. 2 Stück **Roth=
wein** — klm.
Traubensorten: Riesling, Oesterreicher, Gutedel, Ru=
länder, Portugieser.
Bessere Weinbergslagen: Beindstich, Eich, Dietenberg.

Raumbach (Ober- und Unter-), verkehrt mit der Eisen=
bahnstation Lauterecken der Pfälzischen Bahn.
Weinberge: ca. 17 Hektar mit einem Durchschnittsertrage
von ca. 70 Stück **Weißwein** — kl; klm.
Traubensorten: Meistens Oesterreicher und Riesling;
etwas Traminer, Spätburgunder und Portugieser.
Bessere Weinbergslage: Raumberg.

Staudernheim, Eisenbahnstation der Linie Bingerbrück
—Saarbrücken.
Weinberge: ca. 35 Hektar mit einem Durchschnittsertrage
von ca. 80 Stück **Weißwein** — kl.
Bessere Weinbergslage: Dissibodenberg.

c) Kreis Pfalz (Bayr.).

Alsenz, Eisenbahnstation der Linie Münster am Stein—Kaiserslautern.

Weinberge: ca. 85 Hektar mit einem Durchschnittsertrage von ca. 100 Stück **Weißwein** — kl.

Traubensorten: Meistens Oesterreicher; Riesling, Traminer, Ruländer, Gutedel, Portugieser.

Bessere Weinbergslagen: im Thal, Falkenberg, Authweiler, Elckersberg.

Altenbamberg, Eisenbahnstation der Linie Münster am Stein—Kaiserslautern.

Weinberge: ca. 80 Hektar mit einem Durchschnittsertrage von ca. 240 Stück **Weißwein** — klm.

Traubensorten: Meistens Riesling; etwas Oesterreicher und Traminer.

Bessere Weinbergslagen: Rothenberg, Traubenfels, Schloßberg, Kernberg.

Bayerfeld-Steckweiler, Eisenbahnstation der Linie Münster am Stein-Kaiserslautern.

Weinberge: ca. 35 Hektar mit einem Durchschnittsertrage von ca. 175 Stück **Weißwein** — kl.

Traubensorten: Riesling, Oesterreicher, Traminer, Gutedel, Ruländer, Burgunder.

Bessere Weinbergslagen: Adelsberg, Mittelberg, Kremser, Dietzenhain, Burgweg, Schnorrberg.

Duchroth-Oberhausen, verkehrt mit der Eisenbahnstation Niederhausen der Linie Bingerbrück — Saarbrücken.

Weinberge: ca. 300 Hektar mit einem Durchschnittsertrage von ca. 1500 Stück **Weißwein** und ca. 10 Stück **Rothwein** — klm.

Traubensorten: Oesterreicher, Riesling, Kleinberger, Ruländer, Burgunder, Portugieser und andere.

Bessere Weinbergslagen: Kaisersgrund, Gangelsberg, Vorkehren, Kieselsberg, Vogelschlag.

Ebernburg, Eisenbahnstation der Linie Münster am Stein—Kaiserslautern.

Weinberge: ca. 80 Hektar mit einem Durchschnittsertrage von ca. 320 Stück **Weißwein** und ca. 5 Stück **Rothwein** — klm.

Traubensorten: ³/₄ Riesling, ¹/₄ verschiedene andere Sorten.

Bessere Weinbergslagen: Weidenberg, Erzengrube, Burg Ebernburg, Platte, Rohret.

Feil-Bingert, verkehrt mit den Eisenbahnstationen Ebernburg der Linie Münster am Stein — Kaiserslautern und Münster am Stein.

Weinberge: ca. 75 Hektar mit einem Durchschnittsertrage von ca. 150 Stück **Weißwein** — kl.

Traubensorten: Meistens Oesterreicher; etwas Riesling und andere Sorten.

Bessere Weinbergslagen: Liset, Kahlenberg, Hochstätterberg.

Hochstätten, Eisenbahnstation der Linie Münster am Stein—Kaiserslautern.

Weinberge: ca. 30—35 Hektar mit einem Durchschnittsertrage von ca. 120 Stück **Weißwein** — kl; klm.

Traubensorten: Oesterreicher, Riesling, Traminer, Portugieser und andere Sorten.

Bessere Weinbergslagen: Ackerberg, Gensberg, Glickerberg.

Kalkofen, verkehrt mit den Eisenbahnstationen Alsenz und Mannweiler der Linie Münster am Stein—Kaiserslautern.

Weinberge: ca. 10 Hektar mit einem Durchschnittsertrage von ca. 15 Stück **Weißwein** — kl.

Traubensorten: Meistens Oesterreicher; etwas Riesling; Traminer; Portugieser.

Bessere Weinbergslagen: Großerberg, Götzlich.

Lauterecken, Eisenbahnstation der Linie Kaiserslautern—Lauterecken.

Weinberge: ca. 27 Hektar mit einem Durchschnittsertrage von ca. 40 Stück **Weißwein** — kl.

Traubensorten: Meistens Oesterreicher; etwas Riesling; Portugieser.

Mannweiler, Eisenbahnstation der Linie Münster am Stein—Kaiserslautern.

Weinberge: ca. 30 Hektar mit einem Durchschnittsertrage von ca. 70 Stück **Weißwein** — kl.

Traubensorten: Meistens Oesterreicher; viel Riesling; etwas Traminer, Ruländer, Muskateller, Burgunder, Portugieser.

Münsterappel, verkehrt mit den Eisenbahnstationen Alsenz und Mannweiler der Linie Münster am Stein—Kaiserslautern.

Weinberge: ca. 8 Hektar mit einem Durchschnittsertrage von ca. 12 Stück **Weißwein** — kl.

Traubensorten: Meistens Oesterreicher; etwas Riesling; Traminer; Portugieser.

Bessere Weinbergslage: Nonnbach.

* **Nerzweiler**, verkehrt mit der Eisenbahnstation Lautereck en der Linie Kaiserslautern—Lauterecken.

Weinberge: ca. 50 Hektar mit einem Durchschnittsertrage von ca. 100 Stück Wein — kl.

Niedermoschel, verkehrt mit der Eisenbahnstation Alsenz der Linie Münster am Stein—Kaiserslautern.

Weinberge: ca. 23 Hektar mit einem Durchschnittsertrage von ca. 80 Stück **Weißwein** — kl.

Traubensorten: Oesterreicher, Traminer, Riesling, Portugieser.

Bessere Weinbergslage: Leyenberg.

Oberhausen an der Appel, verkehrt mit den Eisenbahnstationen Alsenz und Mannweiler der Linie Münster am Stein—Kaiserslautern.

Weinberge: ca. 7 Hektar mit einem Durchschnittsertrage von ca. 12 Stück **Weißwein** — kl.

Traubensorten: Meistens Oesterreicher; etwas Riesling; Traminer; Portugieser.

Bessere Weinbergslage: Dittenberg.

Obermoschel, Eisenbahnstation (Alsenz - Obermoschel) der Linie Münster am Stein—Kaiserslautern.
Weinberge: ca. 50 Hektar mit einem Durchschnittsertrage von ca. 200 Stück **Weißwein** — kl; klm.
Traubensorten: Meistens Oesterreicher und Riesling; etwas Portugieser.
Bessere Weinbergslagen: Seelberg, Schloßberg.

Oberndorf, verkehrt mit den Eisenbahnstationen Mannweiler und Alsenz der Linie Münster am Stein—Kaiserslautern.
Weinberge: ca. 30 Hektar mit einem Durchschnittsertrage von ca. 110 Stück **Weißwein** — kl.
Traubensorten: Meistens Oesterreicher; etwas Riesling, Traminer und andere Sorten.

Odenbach, verkehrt mit der Eisenbahnstation Lauterecken der Pfälzischen Bahn.
Weinberge: ca. 35 Hektar mit einem Durchschnittsertrage von ca. 120 Stück **Weißwein** — kl.
Traubensorten: Riesling, Traminer, Oesterreicher, Portugieser.

*****Odernheim an der Glan,** verkehrt mit der Eisenbahnstation Staudernheim der Linie Bingerbrück—Saarbrücken.
Weinberge: ca. 70 Hektar mit einem Durchschnittsertrage von ca. 120 Stück Wein — kl; klm.

*****Rehborn,** verkehrt mit der Eisenbahnstation Staudernheim der Linie Bingerbrück—Saarbrücken.
Weinberge: ca. 30 Hektar mit einem Durchschnittsertrage von ca. 30 Stück Wein — kl.

Rockenhausen, Eisenbahnstation der Linie Münster am Stein—Kaiserslautern.

Weinberge: ca. 50 Hektar mit einem Durchschnittsertrage von ca. 100 Stück Wein — kl.

Wolfstein, Eisenbahnstation der Linie Kaiserslautern—Lauterecken.

Weinberge: ca. 9 Hektar in der eigenen Gemarkung und ca. 14 Hektar in der anstoßenden Gemarkung Roßbach mit einem Durchschnittsertrage von ca. 70 Stück **Weißwein** und ca. 4 Stück **Rothwein** — kl.

Traubensorten: Meistens Oesterreicher; Traminer; etwas Riesling, Portugieser.

Bessere Weinbergslagen: Erzengel, Schloßberg.

Rheinpfalz.

Das Weinbaugebiet der bayrischen Rheinpfalz ist leicht zu übersehen, da es sich auf den östlichen Abhang des Haardtgebirges und einen Theil der unmittelbar an die Hügel sich anschließenden Ebene, sowie auf das Zellerthal im Norden an der hessischen Grenze und auf das Gebiet der Lauter, der Glan und der Alsenz im Nordwesten beschränkt. Von den daselbst produzirten Weinen kommen sämmtliche Gewächse vom Haardtgebirge, aus dem Zellerthale und aus dem unteren Gebiete der Glan und der Alsenz als Handelsweine in Betracht.

Da man die zuletzt genannten unweit der Nahe wachsenden Weine zu den Weinen des Nahegebietes rechnet, so fanden dieselben bereits im vorhergehenden Kapitel Erwähnung und es sind deshalb die übrigen Produktionsorte nach folgender Eintheilung zu behandeln:

a) **Haardtgebirge**
b) **Zellerthal.**

Das Weinbaugebiet des Haardtgebirges ist das weitaus bedeutendste und dem hier erzielten Produkte verdanken die rheinpfälzischen Weine den hohen Ruf, der wohl an Alter, nicht aber an Glanze dem Rufe der übrigen mittelrheinischen Weine nachsteht. In früheren Zeiten mehr als Verschnittweine geschätzt, werden die Haardtweine in der Neuzeit auch als selbstständige Qualitäten gewürdigt, und die vorzüglichen Auslesen, welche man aus den Trauben der besten Weinbergslagen zu machen versteht, beweisen, daß Weinbau und Weinbereitung an der Haardt zu hoher Vollkommenheit gelangt sind. Sogar aus Oesterreicher Trauben erzielt man daselbst Auslesen von ganz hervorragender Qualität.

Die Oesterreicher Trauben werden an der Haardt allgemein Franken genannt und sie werden daselbst in großer Menge produzirt. Der Oesterreicher ist die Hauptrebensorte der Rheinpfalz, neben welcher andere weiße Sorten nur wenig kultivirt werden. Es gibt aber auch bessere Weinbergslagen, welche mit Riesling oder Traminer bestockt sind und vorzügliches Gewächs liefern. Eine Spezialität der Haardt ist die allerdings nur in geringem Umfange angebaute Rebensorte Gewürztraminer, aus welcher Weine von ganz eigenthümlichem Aroma und Bouquet gewonnen werden. Die Gewürztraminerweine sind besonders in Süddeutschland beliebt und sie werden gewöhnlich hoch bezahlt. Am mittleren und am unteren Gebirge wird in ebenen Lagen mancher Gemarkungen die rothe Traubensorte Portugieser stark angebaut, welche daselbst sehr fruchtbar ist und bedeutende, schon im Herbst viel gehandelte Erträge gibt.

Sämmtliche Haardtweine haben eine besondere gemeinsame Eigenart, welche aber von vielen Kennern geschätzt wird. Vor den übrigen Weinen des Mittelrheines zeichnen sie sich dadurch aus, daß sie in geringen Jahren eine besser gereifte Qualität erlangen, was dem milderen Klima zu verdanken ist. Klimatisch ist die Haardt, wo Edelkastanien und Mandeln gedeihen, vor dem übrigen mittelrheinischen Gebiete bevorzugt.

Man theilt die Haardt in weinbaulicher Beziehung ein in das obere, mittlere und untere Gebirge oder die obere, mittlere und untere Haardt. Die obere Haardt beginnt bei Neustadt und geht streng genommen wohl nur bis in die Gegend von Landau, doch rechnet man auch dazu die Berghänge weiter oberhalb bis zur elsäßischen Grenze. Sie ist das Produktionsgebiet der kleinen Weine, welche in einigen Gemarkungen in ganz kolossalem Quantum wachsen, während angehende Mittelweine nur hie und da angetroffen werden. An der mittleren Haardt, mit Neustadt beginnend und bis Ungstein reichend, werden die mittleren und die feinen Weine sowie auch die edlen Auslesen produzirt, welch' letztere besonders von Forst, Deidesheim, Ruppertsberg und Wachenheim geliefert werden. Auch die Königsbacher, Ungsteiner, Dürkheimer ec. sind hier zu Hause. Die untere Haardt ist das Gebiet unterhalb des Ortes Ungstein. Daselbst wachsen wieder kleine und angehende Mittelweine und Kallstadt liefert auch noch etwas besseres Produkt.

Das Sortiment der Haardtweine ist sehr groß und wird zu folgenden Preisen gehandelt: Geringe Jahrgänge von Mk. 200/300 bis Mk. 1800; Mitteljahrgänge von Mk. 300/350 bis Mk. 4000; gute Jahrgänge von Mk. 350/400 bis Mk. 6000 pro 1000 Liter. Die Preise der Auslesen steigen bis zu Mk. 15000 pro 1000 Liter.

Die Produktion des Zellerthales — so genannt nach dem Produktionsorte Zell — ist nur von geringem Umfange. Es wachsen daselbst kleine Weine und angehende Mittelweine, welche in Qualität den Uebergang von den rheinhessischen Weinen zu den Haardtweinen bilden. In der Preislage stehen die Zellerthaler den benachbarten rheinhessischen Weinen nahe.

Den Hauptverkehr an der Haardt vermitteln die Eisenbahnlinien Monsheim—Neustadt—Weißenburg; Ludwigshafen—Neustadt—Kaiserslautern; Germersheim—Landau—Zweibrücken; ferner die Linien Grünstadt—Eisenberg; Frankenthal—Großkarlbach; Freinsheim—Frankenthal; Rohrbach—Klingenmünster; Winden—Bergzabern; im Zellerthale die Linie Monsheim—Marnheim.

Die Weinorte der Rheinpfalz.

a) Haardtgebirge.

Albersweiler, Eisenbahnstation der Linie Landau—Zweibrücken.
  Weinberge: ca. 200 Hektar mit einem Durchschnittsertrage von ca. 950 Fuder **Weißwein** — kl.
  Traubensorten: Meistens Gutedel, Oesterreicher; etwas Traminer und Riesling.

Arzheim, verkehrt mit den Eisenbahnstationen Landau, Godramstein und Siebeldingen-Birkweiler der Linie Landau—Zweibrücken.
  Weinberge: ca. 300 Hektar mit einem Durchschnittsertrage von ca. 900 Fuder **Weißwein** — kl.
  Traubensorten: Oesterreicher, Gutedel, etwas Traminer.

*Asselheim, Eisenbahnstation der Linie Grünstadt—Eisenberg.
  Weinberge: ca. 60 Hektar mit einem Durchschnittsertrage von ca 100 Fuder Wein — kl.

Bergzabern, Eisenbahnstation der Linie Winden—Bergzabern.
   Weinberge: ca. 70 Hektar mit einem Durchschnittsertrage von ca. 200 Fuder Wein — kl.

Birkweiler, Eisenbahnstation (Siebeldingen-Birkweiler) der Linie Landau—Zweibrücken.
   Weinberge: ca. 127 Hektar mit einem Durchschnittsertrage von 1100—1200 Fuder Weißwein — kl; klm.
   Traubensorten: Gutedel, Oesterreicher, Riesling, Traminer, Tokayer.
   Bessere Weinbergslage: Kastanienbusch.

*Bissersheim, verkehrt mit der Eisenbahnstation Ebertsheim der Linie Grünstadt—Eisenberg.
   Weinberge: ca. 60 Hektar mit einem Durchschnittsertrage von ca. 150 Fuder Wein — kl.

*Bobenheim am Berg, verkehrt mit der Eisenbahnstation Freinsheim der Linien Neustadt—Monsheim und Frankenthal—Freinsheim.
   Weinberge: ca. 30 Hektar mit einem Durchschnittsertrage von ca. 60 Fuder Wein — kl.

Böchingen, verkehrt mit den Eisenbahnstationen Knöringen und Landau der Linie Neustadt—Weißenburg.
   Weinberge: ca. 86 Hektar mit einem Durchschnittsertrage von ca. 550 Fuder Weißwein und ca. 6 Fuder Rothwein — kl.
   Traubensorten: Oesterreicher, Gutedel, Portugieser; etwas Traminer und Riesling.

Burrweiler, verkehrt mit der Eisenbahnstation Edesheim der Linie Neustadt–Weißenburg.

Weinberge: ca. 171 Hektar mit einem Durchschnittsertrage von ca. 850 Fuder **Weißwein** — kl.

Traubensorten: Meistens Oesterreicher; etwas Riesling und Portugieser.

Bessere Weinbergslagen: Schüler, Mühlbühl, Alter Forst.

Dackenheim, verkehrt mit den Eisenbahnstationen Freinsheim und Kirchheim a. b. Eck der Linie Dürkheim–Monsheim.

Weinberge: ca. 90 Hektar mit einem Durchschnittsertrage von ca. 300 Fuder **Weißwein** und ca. 70 Fuder **Rothwein** — kl; klm.

Traubensorten: Meistens Oesterreicher, Portugieser.

Bessere Weinbergslagen: Oberröth, Mandelröth, Röthe.

***Dammheim**, verkehrt mit der Eisenbahnstation Knöringen der Linie Neustadt—Weißenburg.

Weinberge: ca. 25 Hektar mit einem Durchschnittsertrage von ca. 100 Fuder Wein — kl.

Deidesheim, Eisenbahnstation der Linie Neustadt–Monsheim.

Weinberge: ca. 387 Hektar mit einem Durchschnittsertrage von ca. 1100 Fuder **Weißwein** und ca. 120 Fuder **Rothwein** — klm; m; m/mf; mf; f; ff.

Traubensorten: Riesling, Traminer, Gewürztraminer, Oesterreicher, Portugieser.

Bessere Weinbergslagen: Grain, Kisselberg, Kränzler, Kalkofen, Leinhöhle, Hohemorgen, Thal.

Diedesfeld, verkehrt mit der Eisenbahnstation Maikammer-Kirrweiler der Linie Neustadt—Weißenburg.

Weinberge: ca. 280 Hektar mit einem Durchschnittsertrage von ca. 1000 Fuder **Weißwein** und ca. 100 Fuder **Rothwein** — kl.

Traubensorten: Oesterreicher, Riesling, Traminer, Portugieser, Müllerrebe, St. Laurent.

***Dirmstein**, Eisenbahnstation der Linie Frankenthal—Großkarlbach.

Weinberge: ca. 90 Hektar mit einem Durchschnittsertrage von ca. 300 Fuder Wein — kl.

***Dörrenbach**, verkehrt mit der Eisenbahnstation Bergzabern der Linie Winden—Bergzabern.

Weinberge: ca. 80 Hektar mit einem Durchschnittsertrage von ca. 200 Fuder Wein — kl.

Traubensorten: Viel Burgunder.

Dürkheim, Eisenbahnstation.

Weinberge: ca. 875 Hektar mit einem Durchschnittsertrage von ca. 2000 Fuder **Weißwein** und ca. 1000 Fuder **Rothwein** — klm; m; m/mf; mf.

Traubensorten: Ruländer, Traminer, Oesterreicher, Portugieser, St. Laurent.

Bessere Weinbergslagen: Michelsberg, Spielberg, Venn, Frohnhof, Habsberg, Proppelstein, Schlammberg, Feuerberg.

Edenkoben, Eisenbahnstation der Linie Neustadt— Weißenburg.

Weinberge: ca. 360 Hektar mit einem Durchschnittsertrage von ca. 1600 Fuder **Weißwein** und ca. 10 Fuder **Rothwein** — kl; klm.

Traubensorten: Meistens Oesterreicher, etwas Traminer, Tokayer, Portugieser.

Bessere Weinbergslagen: Werderberg, Letten, Kirchberg, Mühlberg.

* **Edesheim**, Eisenbahnstation der Linie Neustadt— Weißenburg.

Weinberge: ca. 200 Hektar mit einem Durchschnittsertrage von ca. 1200 Fuder Wein — kl.

Ellerstadt, verkehrt mit den Eisenbahnstationen Wachenheim, Dürkheim, Erpolzheim der Linie Neustadt— Monsheim und Lambsheim der Linie Freinsheim— Frankenthal.

Weinberge: ca. 150 Hektar mit einem Durchschnittsertrage von 28 Hektoliter **Weißwein** pr. Hektar und 100 Hektoliter **Rothwein** pr. Hektar — kl; klm.

Traubensorten: Portugieser, Franken, Traminer, Riesling.

Bessere Weinbergslagen: Feuerberg, Felsenberg, Flachsgrund, Trift, Langgewann.

Erpolzheim, Eisenbahnstation der Linie Neustadt— Monsheim.

Weinberge: ca. 80 Hektar mit einem Durchschnittsertrage von 150 Fuder **Weißwein** und 30 Fuder **Rothwein** — kl.

Traubensorten: Oesterreicher, Riesl., Traminer, Portug.

Eschbach, verkehrt mit der Eisenbahnstation Landau der Linie Neustadt—Weißenburg.

Weinberge: ca. 32 Hektar mit einem Durchschnittsertrage 160 Fuder **Weißwein** und 20 Fuder **Rothwein** — kl.

Traubensorten: Oesterreicher, Franken, Gutedel, Portugieser, Burgunder.

Bessere Weinbergslagen: Großwingert, Krätze, Au, Dörrenbach, Kietzweg, Rotheck.

*Essingen, verkehrt mit der Eisenbahnstation Knöringen der Linie Neustadt—Weißenburg.

Weinberge: ca. 55 Hektar mit einem Durchschnittsertrage von ca. 160 Fuder Wein — kl.

Flemlingen, verkehrt mit der Eisenbahnstation Landau und Nachbarstationen der Linie Neustadt—Weißenburg.

Weinberge; ca. 82 Hektar mit einem Durchschnittsertrage von ca. 650 Fuder **Weißwein** — kl.

Traubensorten: Oesterreicher, Gutedel.

Forst, verkehrt mit den Eisenbahnstationen Deidesheim und Wachenheim der Linie Neustadt—Monsheim.

Weinberge: ca. 155 Hektar mit einem Durchschnittsertrage von ca. 300 Fuder **Weißwein** und ca. 20 Fuder **Rothwein** — klm; m; m/mf; mf; f; ff.

Traubensorten: Meistens Riesling; Oesterreicher; etwas Traminer und Portugieser.

Bessere Weinbergslagen: Kirchenstück, Jesuitengarten, Ungeheuer, Freundstück, Trift, Ziegler, Kranich, Hofstück, Pechstein.

Frankweiler, verkehrt mit der Eisenbahnstation Siebeldingen-Birkweiler der Linie Landau—Zweibrücken.

Weinberge: ca. 135 Hektar mit einem Durchschnittsertrage
von 800—900 Fuder **Weißwein** — kl.

Traubensorten: Fast nur Oesterreicher; vereinzelt Gutedel und Riesling; etwas Portugieser.

Freinsheim, Eisenbahnstation der Linien Neustadt—
Monsheim und Freinsheim—Frankenthal.

Weinberge: ca. 250 Hektar mit einem Durchschnittsertrage
von ca. 760 Fuder **Weißwein** und ca. 75 Fuder **Rothwein** — kl; klm.

Traubensorten: Meistens Oesterreicher; Riesling, Traminer, Gutedel, Portugieser.

Bessere Weinbergslagen: Groß, Ofchelskopf, Hahnen,
Wurmberg, Gottesacker, Hochberg, Stoß.

Friedelsheim, verkehrt mit der Eisenbahnstation Wachenheim der Linie Neustadt—Monsheim.

Weinberge: ca. 105 Hektar mit einem Durchschnittsertrage
von ca. 75 Fuder **Weißwein** und ca. 85 Fuder **Rothwein** — kl.

Traubensorten: Meistens Oesterreicher; Gutedel, Gewürztraminer, Riesling; viel Portugieser.

Bessere Weinbergslagen: Auf d. Ruth, Feuerberg, im Letten.

Gimmeldingen, Eisenbahnstation (Mußbach-Gimmel-
dingen) der Linie Neustadt—Monsheim.

Weinberge: ca. 139 Hektar mit einem Durchschnittsertrage
von ca. 470 Fuder **Weißwein** und ca. 30 Fuder **Rothwein** klm; m.

Traubensorten: Riesling, Oesterreicher, Traminer, Mal-
vasier, Portugieser.

Bessere Weinbergslagen: Schlössel, Kieselberg, Tünkel-
acker, Schild, Biengarten.

Gleisweiler, verkehrt mit den Eisenbahnstationen Edesheim, Knöringen, Landau der Linie Neustadt—Weißenburg.
Weinberge: ca. 68 Hektar mit einem Durchschnittsertrage von ca. 720 Fuder **Weißwein** und ca. 20 Fuder **Rothwein** — kl.
Traubensorten: Meistens Oesterreicher; etwas Riesling, Gutedel, Tokayer, Portugieser.

*Gleiszellen - Gleishorbach, verkehrt mit der Eisenbahnstation Bergzabern der Linie Winden—Bergzabern.
Weinberge: ca. 80 Hektar mit einem Durchschnittsertrage von ca. 200 Fuder Wein — kl.
Traubensorten: Viel Muskateller und verschiedene andere Sorten.

Godramstein, Eisenbahnstation der Linie Landau — Zweibrücken.
Weinberge: ca. 170 Hektar mit einem Durchschnittsertrage von ca. 250 Fuder **Weißwein** — kl.
Traubensorten: Meistens Oesterreicher und Gutedel; etwas Traminer und Portugieser.

*Göcklingen, verkehrt mit der Eisenbahnstation Landau.
Weinberge: ca. 120 Hektar mit einem Durchschnittsertrage von ca. 250 Fuder Wein — kl.

Gönnheim, verkehrt mit den Eisenbahnstationen Wachenheim und Dürkheim der Linie Neustadt—Monsheim.
Weinberge: ca. 125 Hektar mit einem Durchschnittsertrage von ca. 75 Fuder **Weißwein** und ca. 125 Fuder **Rothwein** — kl; klm.
Traubensorten: Meistens Portugieser; etwas Oesterreicher und Riesling.
Bessere Weinbergslagen: Feuerberg.

Gräfenhausen, verkehrt mit der Eisenbahnstation Albers=
weiler der Linie Landau—Zweibrücken.
Weinberge: ca. 50 Hektar mit einem Durchschnittsertrage
von ca. 50 Fuder **Weißwein** — kl — und ca. 16
Fuder **Rothwein** — klm.
Traubensorten: 1/3 Gutedel; 1/3 Oesterreicher; 1/3 Gräfen=
hauser Rother.
Bessere Weinbergslagen: Wingertsberg unterm mittleren
Weg (Rothweinlage).

***Grossbockenheim**, Eisenbahnstation (Bockenheim —
Kindenheim) der Linie Neustadt—Monsheim.
Weinberge: ca. 50 Hektar mit einem Durchschnittsertrage
von ca. 150 Fuder Wein — kl.

Grosskarlbach, Eisenbahnstation der Linie Franken=
thal—Großkarlbach, verkehrt außerdem mit der Eisen=
bahnstation Kirchheim a. d. Eck der Linie Neustadt—
Monsheim.
Weinberge: ca. 70 Hektar mit einem Durchschnittsertrage
von ca. 120 Fuder **Weißwein** und ca. 30 Fuder **Roth=
wein** — kl.
Traubensorten: Riesling, Oesterreicher, Gutedel, Portu=
tugieser.
Bessere Weinbergslagen: Hipperich, Heyer, Marktberg,
Mörsch, Höhlchen.

Haardt, verkehrt mit der Eisenbahnstation Neustadt a. d. H.
Weinberge: ca. 184 Hektar mit einem Durchschnittsertrage
von ca. 320 Fuder **Weißwein** und ca. 25 Fuder **Roth=
wein** — klm; m.
Traubensorten: Oesterreicher, Traminer, Riesling, Por=
tugieser.
Bessere Weinbergslagen: Herrenletten, Mandelweg, Kalk=
grube, Letten.

Hainfeld, verkehrt mit der Eisenbahnstation Edesheim der Linie Neustadt—Weißenburg.

Weinberge: ca. 160 Hektar mit einem Durchschnittsertrage von ca. 1500 Fuder **Weißwein** — kl.

Traubensorten: Meistens Oesterreicher; Riesling, Gutedel, Burgunder, Portugieser.

Bessere Weinbergslagen: Hecke, Letten, Hub, Dünkelacker.

Hambach, verkehrt mit der Eisenbahnstation Neustadt an der Haardt.

Weinberge: ca. 400 Hektar mit einem Durchschnittsertrage von ca. 900 Fuder **Weißwein** und ca. 100 Fuder **Rothwein** — kl.

Traubensorten: Oesterreicher, Riesling; etwas Traminer, Gutedel, Portugieser.

Herxheim am Berg, verkehrt mit der Eisenbahnstation Freinsheim der Linie Neustadt—Monsheim.

Weinberge: ca. 150 Hektar mit einem Durchschnittsertrage von ca. 400 Fuder **Weißwein** und ca. 120 Fuder **Rothwein** — kl; klm.

Traubensorten: Oesterreicher, Riesling, Portugieser.

Bessere Weinbergslagen: Goldberg, Groß, Sommerseite.

*****Heuchelheim**, Eisenbahnstation der Linie Rohrbach—Klingenmünster.

Weinberge: ca. 75 Hektar mit einem Durchschnittsertrage von ca. 140 Fuder **Weißwein** — kl.

Traubensorten: Oesterreicher, Gutedel, Traminer.

Bessere Weinbergslagen: Wald, Schleifmühle.

Ilbesheim, verkehrt mit der Eisenbahnstation Landau der Linie Neustadt—Weißenburg.

Weinberge: ca. 122 Hektar mit einem Durchschnittsertrage von ca. 750 Fuder **Weißwein** und ca. 25 Fuder **Rothwein** — kl.

Traubensorten: Oesterreicher, Gutedel, etwas Portugieser.

Impflingen, verkehrt mit der Eisenbahnstation Insheim der Linie Neustadt—Weißenburg.

Weinberge: ca. 45 Hektar mit einem Durchschnittsertrage von ca. 150 Fuder Wein — kl.

Kallstadt, verkehrt mit den Eisenbahnstationen Dürkheim und Freinsheim der Linie Neustadt—Monsheim.

Weinberge: ca. 200 Hektar mit einem Durchschnittsertrage von ca. 375 Fuder **Weißwein** und ca. 200 Fuder **Rothwein** — klm; m.

Traubensorten: Oesterreicher, Riesling, Traminer, Gewürztraminer, Portugieser.

Bessere Weinbergslagen: Trift, Horn, Sauwagen, Nill, Kobnert.

Kirchheim a. d. Eck, Eisenbahnstation der Linie Neustadt—Monsheim.

Weinberge: ca. 70 Hektar mit einem Durchschnittsertrage von ca. 150 Fuder Wein — kl.

Kirrweiler, Eisenbahnstation (Maikammer-Kirrweiler) der Linie Neustadt—Weißenburg.

Weinberge: ca. 70 Hektar mit einem Durchschnittsertrage von ca. 250 Fuder Wein — kl.

Kleinkarlbach, verkehrt mit der Eisenbahnstation Kirchheim an der Eck der Linie Neustadt—Monsheim.
Weinberge: ca. 48 Hektar mit einem Durchschnittsertrage von ca. 12—15 Hektoliter pro Hektar **Weißwein** und **Rothwein** — kl.
Traubensorten: Oesterreicher, Riesling, Gutedel, Portugieser.
Bessere Weinbergslagen: Krainäcker, Waschpfad.

*****Kleinniedesheim**, verkehrt mit der Eisenbahnstation Bobenheim a. Rh. der Linie Worms—Ludwigshafen.
Weinberge: ca. 35 Hektar mit einem Durchschnittsertrage von ca. 90 Fuder Wein — kl.

*****Klingenmünster**, Eisenbahnstation der Linie Rohrbach—Klingenmünster.
Weinberge: ca. 80 Hektar mit einem Durchschnittsertrage von ca. 150 Fuder Wein — kl.

*****Knöringen**, Eisenbahnstation der Linie Neustadt—Weißenburg.
Weinberge: ca. 25 Hektar mit einem Durchschnittsertrage von ca. 90 Fuder Wein — kl.

*****Königsbach**, Eisenbahnstation der Linie Neustadt—Monsheim.
Weinberge: ca. 120 Hektar mit einem Durchschnittsertrage von etwa 200 Fuder meistens **Weißwein** — klm; m; m/mf; mf.
Bessere Weinbergslage: Idig.

*****Laumersheim**, verkehrt mit der Eisenbahnstation Kirchheim a. d. Eck der Linie Neustadt—Monsheim.
Weinberge: ca. 45 Hektar mit einem Durchschnittsertrage von ca. 90 Fuder Wein — kl.

Leinsweiler, verkehrt mit der Eisenbahnstation Siebel-dingen-Birkweiler der Linie Landau—Zweibrücken.

Weinberge: ca. 70 Hektar mit einem Durchschnittsertrage von ca. 500 Fuder **Weißwein** — kl.

Traubensorten: Meistens Oesterreicher und Gutedel; Muskateller, Traminer, Portugieser.

Bessere Weinbergslagen: Sonnenberg, Rothenberg.

Leistadt, verkehrt mit den Eisenbahnstationen Dürkheim und Freinsheim der Linie Neustadt—Monsheim.

Weinberge: ca. 80 Hektar mit einem Durchschnittsertrage von ca. 160 Fuder **Weißwein** und ca. 100 Fuder **Rothwein** — kl; klm.

Traubensorten: Meistens Oesterreicher und Portugieser; etwas Traminer.

Maikammer-Alsterweiler, Eisenbahnstation (Maikammer-Kirrweiler) der Linie Neustadt—Weißenburg.

Weinberge: ca. 310 Hektar mit einem Durchschnittsertrage von ca. 2000 Fuder **Weißwein** und ca. 400 Fuder **Rothwein** — kl.

Traubensorten: Meistens Oesterreicher; Traminer, Gutedel, Portugieser.

Bessere Weinbergslagen: Wetterkreuz, Vogelgesang, Dürkheimer, sämmtlich zu Alsterweiler gehörig.

Meckenheim, verkehrt mit den Eisenbahnstationen Deidesheim der Linie Neustadt—Monsheim und Haßloch der Linie Neustadt—Ludwigshafen.

Weinberge: ca. 250 Hektar mit einem Durchschnittsertrage von ca. 600 Fuder **Weißwein** und ca. 400 Fuder **Rothwein** — kl; klm; m.

Traubensorten: Meistens Oesterreicher; Traminer, Riesling, Portugieser.

Bessere Weinbergslage: Fauthenböhl.

*Mörzheim, verkehrt mit der Eisenbahnstation Landau.
  Weinberge: ca. 85 Hektar mit einem Durchschnittsertrage
  von ca. 220 Fuder Wein — kl.

*Mühlheim, verkehrt mit den Eisenbahnstationen Grünstadt und Albsheim an der Eis der Linie Neustadt—
  Monsheim.
  Weinberge: ca. 45 Hektar mit einem Durchschnittsertrage
  von ca. 80 Fuder Wein — kl.

Mussbach, Eisenbahnstation der Linie Neustadt-Monsheim.
  Weinberge: ca. 340 Hektar mit einem Durchschnittsertrage
  von ca. 850 Fuder **Weißwein** und ca. 60 Fuder
  Rothwein — klm; m.
  Traubensorten: Meistens Oesterreicher; etwas Riesling,
  Traminer, Portugieser.
  Bessere Weinbergslagen: Lauterbach, Oberwiese, Hohl-
  baum, Stecken.

Neustadt (mit Winzingen), Eisenbahnstation.
  Weinberge: ca. 300 Hektar mit einem Durchschnittsertrage
  von ca. 700 Fuder **Weißwein** und ca. 100 Fuder
  Rothwein klm; m.
  Traubensorten: Riesling, Oesterreicher, Gutedel, Por-
  tugieser.
  Bessere Weinbergslagen: Vogelgesang, Kies, Gutleuthaus,
  Grain.

*Niederhochstadt, Eisenbahnstation Hochstadt der Linie
  Landau—Germersheim.
  Weinberge: ca. 40 Hektar mit einem Durchschnittsertrage
  von ca. 80 Fuder Wein — kl.

Niederkirchen, verkehrt mit der Eisenbahnstation Deidesheim der Linie Neustadt—Monsheim.

Weinberge: ca. 23 Hektar mit einem Durchschnittsertrage
von ca. 90 Fuder **Weißwein** und ca. 20 Fuder **Rothwein** — kl.

Traubensorten: Oesterreicher, Traminer, Portugieser.

Nussdorf, verkehrt mit der Eisenbahnstation Landau.

Weinberge: ca. 162 Hektar mit einem Durchschnittsertrage
von ca. 2000 Fuder **Weißwein** und ca. 10 Fuder
Rothwein — kl.

Traubensorten: Meistens Oesterreicher; etwas Gutedel,
Tokayer, Traminer und Portugieser.

Bessere Weinbergslagen: Heide, Eichreis, Au, Ochsenloch,
Mailacker.

Ranschbach, verkehrt mit der Eisenbahnstation Siebeldingen-Birkweiler der Linie Landau—Zweibrücken.

Weinberge: ca. 300 Hektar mit einem Durchschnittsertrage
von ca. 1000 Fuder **Weißwein** — kl.

Traubensorten: Oesterreicher, Gutedel, Traminer.

*****Rechtenbach**, verkehrt mit der Eisenbahnstation Berg-
zabern der Linie Winden—Bergzabern.

Weinberge: ca. 50 Hektar mit einem Durchschnittsertrage
von ca. 100 Fuder Wein — kl.

Traubensorten: Viel Burgunder und verschiedene andere
Sorten.

Rhodt, verkehrt mit den Eisenbahnstationen Edenkoben
und Edesheim der Linie Neustadt–Weißenburg.

Weinberge: ca. 200 Hektar mit einem Durchschnittsertrage
von ca. 1700 Fuder **Weißwein** und ca. 25 Fuder
Rothwein — kl.

Traubensorten: Oesterreicher, Traminer, Riesling, Gutedel, Portugieser.

Roschbach, verkehrt mit der Eisenbahnstation Edesheim der Linie Neustadt—Weißenburg.

Weinberge: ca. 76 Hektar mit einem Durchschnittsertrage von ca. 440 Fuder **Weißwein** und ca. 6 Fuder **Rothwein** — kl.

Traubensorten: Meistens Oesterreicher; etwas Gutedel und Portugieser.

Ruppertsberg, verkehrt mit der Eisenbahnstation Deidesheim der Linie Neustadt—Monsheim.

Weinberge: ca. 300 Hektar mit einem Durchschnittsertrage von ca. 420 Fuder **Weißwein** und ca. 60 Fuder **Rothwein** — klm; m; m/mf; mf; f; ff.

Traubensorten: Meistens Oesterreicher; Riesling, Traminer, Gewürztraminer, Portugieser.

Bessere Weinbergslagen: Mandelacker, Hoheburg, Hinterhaardt, Achtmorgen, Reiterpfad, Hofstück.

St. Martin, verkehrt mit den Eisenbahnstationen Maikammer-Kirrweiler und Edenkoben der Linie Neustadt—Weißenburg.

Weinberge: ca. 205 Hektar mit einem Durchschnittsertrage von ca. 900 Fuder **Weißwein** und ca. 100 Fuder **Rothwein** — kl.

Traubensorten: Meistens Oesterreicher; etwas Riesling und Portugieser.

Sausenheim, verkehrt mit der Eisenbahnstation Grünstadt der Linie Neustadt—Monsheim.

Weinberge: ca. 129 Hektar mit einem Durchschnittsertrage von ca. 250 Fuder **Weißwein** und ca. 40 Fuder **Rothwein** — kl.

Traubensorten: Oesterreicher, Riesling, Gutedel, Portugieser.

*Seebach, verkehrt mit der Eisenbahnstation Dürkheim
Weinberge: ca. 15 Hektar mit einem Durchschnittsertrage von ca. 35 Fuder Wein — klm.

Siebeldingen, Eisenbahnstation (Siebeldingen-Birkweiler) der Linie Landau—Zweibrücken.
Weinberge: ca. 120 Hektar mit einem Durchschnittsertrage von ca. 500 Fuder **Weißwein** und ca. 30 Fuder **Rothwein** — kl.
Traubensorten: Meistens Oesterreicher und Gutedel; Traminer, Riesling, Portugieser.

*Ungstein, verkehrt mit der Eisenbahnstation Dürkheim.
Weinberge: ca. 220 Hektar mit einem Durchschnittsertrage von ca. 800 Fuder Wein — klm; m; m/mf; mf.
Bessere Weinbergslagen: Spielberg, Michelsberg, Herrenberg, Kreuz.

*Venningen, verkehrt mit der Eisenbahnstation Edenkoben der Linie Neustadt—Weißenburg.
Weinberge: ca. 70 Hektar mit einem Durchschnittsertrage von ca. 300 Fuder Wein — kl.

Wachenheim an der Haardt, Eisenbahnstation der Linie Neustadt—Monsheim.
Weinberge: ca. 360 Hektar mit einem Durchschnittsertrage von ca. 700 Fuder **Weißwein** und ca. 80 Fuder **Rothwein** — klm; m; m/mf; mf; f; ff.
Traubensorten: Oesterreicher, Riesling, Portugieser.
Bessere Weinbergslagen: Gerümpel, Goldbächel, Belz, Böhlig, Luginsland.

Walsheim, verkehrt mit der Eisenbahnstation Knöringen der Linie Neustadt—Weißenburg.
Weinberge: ca. 70 Hektar mit einem Durchschnittsertrage von ca. 250 Fuder **Weißwein** — kl.
Traubensorten: Meistens Oesterreicher; Traminer, Portugieser.
Bessere Weinbergslagen: Forstweg, Silberberg, Weingrube.

Weisenheim am Berg, verkehrt mit den Eisenbahnstationen Freinsheim und Dürkheim der Linie Neustadt—Monsheim.
Weinberge: ca. 155 Hektar mit einem Durchschnittsertrage von ca. 600 Fuder **Weißwein** und ca. 100 Fuder **Rothwein** — kl.
Traubensorten: Meistens Oesterreicher; ziemlich viel Portugieser.

Weisenheim am Sand, Eisenbahnstation der Linie Freinsheim—Frankenthal.
Weinberge: ca. 220 Hektar mit einem Durchschnittsertrage von ca. 500 Fuder **Weißwein** und ca. 100 Fuder **Rothwein** — kl.
Traubensorten: Meistens Oesterreicher und Portugieser.
Bessere Weinbergslagen: Halt, Altenbergskopf.

Weyher, verkehrt mit den Eisenbahnstationen Edesheim und Edenkoben der Linie Neustadt—Weißenburg.
Weinberge: ca. 78 Hektar mit einem Durchschnittsertrage von ca. 300 Fuder **Weißwein** und ca. 5 Fuder **Rothwein** — kl; klm.
Traubensorten: Oesterreicher, etwas Gutedel und Portugieser.
Bessere Weinbergslage: Altenforst.

***Wollmesheim**, verkehrt mit der Eisenbahnstation Landau.

Weinberge: ca. 55 Hektar mit einem Durchschnittsertrage von ca. 120 Fuder Wein — kl.

b) Zellerthal.

***Albisheim an der Pfrimm**, Eisenbahnstation der Linie Monsheim—Marnheim.

Weinberge: ca. 60 Hektar mit einem Durchschnittsertrage von ca. 100 Fuder Wein — kl.

Bischheim, verkehrt mit der Eisenbahnstation Kirchheimbolanden der Linie Mainz—Kaiserslautern.

Weinberge: ca. 25 Hektar mit einem Durchschnittsertrage von ca. 60 Fuder **Weißwein** — kl.

Traubensorten: Meistens Oesterreicher; etwas Riesling, Tokayer, Muskateller, Burgunder und Portugieser.

Einselthum, verkehrt mit der Eisenbahnstation Harxheim-Zell der Linie Monsheim—Marnheim.

Weinberge: ca. 25 Hektar mit einem Durchschnittsertrage von ca. 100 Fuder **Weißwein** und ca. 30 Fuder **Rothwein** — kl.

Traubensorten; Meistens Oesterreicher; Portugieser.

Gauersheim, verkehrt mit den Eisenbahnstationen Albisheim der Linie Monsheim—Marnheim und Kirchheimbolanden der Linie Mainz—Kaiserslautern.

Weinberge: ca. 9 Hektar mit einem Durchschnittsertrage von ca. 20—25 Fuder **Weißwein** — kl.

Traubensorten: Oesterreicher, Gutedel, Traminer, Tokayer, Riesling, Portugieser.

Harxheim an der Pfrimm, Eisenbahnstation (Harxheim-Zell) der Linie Monsheim—Marnheim.

Weinberge: ca. 5 Hektar mit einem Durchschnittsertrage von ca. 10 Fuder **Weißwein** und ca. 10 Fuder **Rothwein** — kl.

Traubensorten: Oesterreicher, Portugieser, Müllerrebe.

Niefernheim, verkehrt mit den Eisenbahnstationen Harxheim-Zell und Wachenheim der Linie Monsheim—Marnheim.

Weinberge: ca. 25 Hektar mit einem Durchschnittsertrage von ca. 80 Fuder **Weißwein** und ca. 25 Fuder **Rothwein** — kl.

Traubensorten: Meistens Oesterreicher; Riesling, Gutedel und andere Sorten; Portugieser, St. Laurent, Müllerrebe.

Bessere Weinbergslagen: Hengstgewann, Herland.

Rittersheim, verkehrt mit den Eisenbahnstationen Kirchheimbolanden der Linie Mainz — Kaiserslautern und Albisheim der Linie Monsheim—Marnheim.

Weinberge: ca. 9 Hektar mit einem Durchschnittsertrage von ca. 25 Fuder **Weißwein** — kl.

Traubensorten: Oesterreicher, Riesling, Burgunder.

Stetten, verkehrt mit den Eisenbahnstationen Kirchheimbolanden der Linie Mainz—Kaiserslautern und Albisheim der Linie Monsheim—Marnheim.

Weinberge: ca. 20 Hektar mit einem Durchschnittsertrage von ca. 25 Fuder **Weißwein** — kl.

Traubensorten: Oesterreicher, Traminer, etwas Riesling Portugieser.

Zell, Eisenbahnstation Harxheim-Zell der Linie Monsheim—Marnheim.

Weinberge: ca. 60 Hektar mit einem Durchschnittsertrage von ca. 180 Fuder **Weißwein** und ca. 25 Fuder **Rothwein** — kl; klm.

Traubensorten: Meistens Oesterreicher, Riesling, Gutedel und andere Sorten; Portugieser, St. Laurent, Müllerrebe.

Bessere Weinbergslagen: Schwarzer Herrgott, am Philippsbrunnen.

Alphabetisches Register
sämmtlicher besprochener Weinorte
nebst Angabe der Seitenzahlen.

	Seite		Seite
Abenheim	62	Bechtolsheim	42
Albersweiler	96	Bergzabern	97
Albig	52	Bermersheim (Alzey)	53
Albisheim an der Pfrimm	114	Bermersheim (Worms)	63
Alsenz	87	Biebelnheim	42
Alsheim (mit Hangenwahlheim)	62	Biebelsheim	53
		Bingen	36
Altenbamberg	87	Bingerbrück	74
Alzey (mit Schafhausen)	53	Birkweiler	97
Appenheim	35	Bischheim	114
Arnsheim	42	Bissersheim	97
Arzheim	96	Bobenheim am Berg	97
Aspisheim	35	Bockenau	74
Asselheim	96	Bodenheim	43
Aßmannshausen	19	Böchingen	97
Aulhausen	20	Boos	74
		Bornheim	53
Badenheim	53	Bosenheim	54
Bayerfeld-Steckweiler	87	Braunweiler	74
Bechtheim	62	Breckenheim	24

	Seite		Seite
Breitenheim	85	Ebernburg	88
Bretzenheim	75	Ebersheim	31
Bubenheim	36	Eckelsheim	54
Budenheim	31	Eckenroth	75
Büdesheim	36	Edenkoben	100
Burgsponheim	75	Edesheim	100
Burrweiler	98	Eibingen	20
		Eichloch	44
Dackenheim	98	Eimsheim	44
Dalberg	75	Einselthum	114
Dalheim	43	Ellerstadt	100
Dalsheim	63	Elsheim	37
Dammheim	98	Eltville	20
Dautenheim	54	Engelstadt	37
Deidesheim	98	Ensheim	44
Delkenheim	25	Erbach	20
Dexheim	43	Erbesbüdesheim	54
Diedenbergen	25	Erpolzheim	100
Diedesfeld	99	Eschbach	101
Dienheim	43	Essenheim	32
Dietersheim	36	Essingen	101
Dirmstein	99		
Dittelsheim	63	Feil-Bingert	88
Dörrenbach	99	Finthen	32
Dolgesheim	44	Flemlingen	101
Dornbürkheim	63	Flörsheim am Main	25
Dorsheim	75	Flomborn u. Dintesheim	54
Dotzheim	25	Flonheim	55
Dromersheim	37	Forst	101
Duchroth-Oberhausen	88	Framersheim	55
Dürkheim	99	Frankweiler	102

	Seite		Seite
Frauenstein	26	Gumbsheim	56
Freilaubersheim	55	Gundersheim	64
Freinsheim	102	Gundheim	64
Freiweinheim	38	Guntersblum	46
Frettenheim	64	Gutenberg	76
Friedelsheim	102		
Friesenheim	45	Haardt	104
Fürfeld	55	Hackenheim	56
		Hahnheim	46
Gabsheim	45	Hainfeld	105
Gaualgesheim	38	Hallgarten	21
Gaubickelheim	45	Hambach	105
Gaubischofsheim	32	Hangenweisheim	65
Gauersheim	114	Hargesheim	76
Gaulsheim	38	Harxheim (Rheinhessen)	32
Gauweinheim	45	Harxheim a. d. Pfrimm	115
Geisenheim	21	Hattenheim	21
Genheim	76	Hechtsheim	33
Gensingen	38	Heddesheim	76
Gimbsheim	64	Heidesheim	39
Gimmeldingen	102	Heimersheim	56
Gleisweiler	103	Heppenheim (Alzey)	56
Gleiszellen-Gleishorbach	103	Heppenheim a. d. Wiese	65
Godramstein	103	Hergenfeld	77
Göcklingen	103	Herrnsheim	65
Gönnheim	103	Herxheim am Berg	105
Gräfenhausen	104	Heßloch	65
Grolsheim	38	Heuchelheim	105
Großbockenheim	104	Hillesheim	46
Großkarlbach	104	Hochheim am Main	26
Großwinternheim	39	Hochheim a. d. Pfrimm	65

	Seite		Seite
Hochstätten	89	Kriegsheim	66
Hohensülzen	66		
Horchheim	66	Laugenlonsheim	77
Horrweiler	39	Laubenheim a. d. Nahe	78
Hüffelsheim	77	Laubenheim bei Mainz	34
		Laumersheim	107
Igstadt	26	Lauterecken	89
Ilbesheim	106	Leinsweiler	108
Impflingen	106	Leiselheim	66
Johannisberg	21	Leistadt	108
Ippesheim	57	Lörzweiler	47
Jugenheim	39	Lonsheim	57
		Lorch	22
Kallstadt	106	Lorchhausen	22
Kalkofen	89	Ludwigshöhe	47
Kastel	33		
Kempten	40	Maikammer-Alsterweiler	108
Kettenheim	57	Mandel	78
Kiedrich	22	Mannweiler	89
Kirchheim a. d. Eck.	106	Martinstein	78
Kirrweiler	106	Massenheim	26
Kirschroth	85	Meckenheim	108
Kleinkarlbach	107	Medard	85
Kleinniedesheim	107	Meddersheim	86
Kleinwinternheim	33	Meisenheim	86
Klingenmünster	107	Merxheim	86
Knöringen	107	Mettenheim	67
Köngernheim	46	Mittelheim	22
Königsbach	107	Mölsheim	67
Kostheim	33	Mörstadt	67
Kreuznach	77	Mörzheim	109

	Seite
Mommenheim . . .	47
Monsheim . . .	67
Monzernheim . . .	68
Monzingen	78
Mühlheim	109
Münster am Stein . .	79
Münsterappel . . .	90
Münster b. Bingerbrück	79
Mußbach	109
Nackenheim	47
Nerzweiler	90
Neubamberg . . .	57
Neudorf	23
Neustadt (m. Winzingen)	109
Niederflörsheim . . .	68
Niederhausen	79
Niederhilbersheim . .	40
Niederhochstadt . . .	109
Niederingelheim . . .	40
Niederkirchen . . .	110
Niedermoschel . . .	90
Niederolm	34
Niedersaulheim . . .	48
Niederwalluf . . .	23
Niefernheim	115
Nierstein	48
Nordenstadt . . .	26
Norheim	79
Nußbaum	80
Nußdorf	110

	Seite
Oberflörsheim . . .	68
Oberhausen a. d. Appel	90
Oberingelheim . . .	40
Obermoschel	91
Oberndorf	91
Oberolm	34
Obersaulheim . . .	48
Oberstreit	80
Oberwalluf	23
Ockenheim	41
Odenbach	91
Odernheim a. d. Glan	91
Odernheim (Rheinhessen)	57
Oestrich	23
Offstein	68
Oppenheim	48
Osthofen	69
Partenheim	49
Pfaffenschwabenheim .	58
Pfeddersheim	69
Pfiffligheim	69
Planig	58
Pleitersheim	58
Ranschbach	110
Rauenthal	24
Raumbach (Ober- und Unter-) . . .	86
Rechtenbach	110
Rehborn	91

	Seite		Seite
Rhodt	110	Spiesheim	50
Rittersheim	115	Sprendlingen	59
Rockenhausen	92	Stadecken	34
Roschbach	111	Staudernheim	86
Roxheim	80	Steinbockenheim	59
Rüdesheim am Rhein	24	Stetten	115
Rüdesheim b. Kreuznach	80	Sulzheim	50
Rümmelsheim	80		
Ruppertsberg	111	Thalböckelheim	82
		Traisen	82
St. Catharinen	81		
St. Johann	58	Abenheim	50
St. Martin	111	Uffhofen	59
Sarmsheim	81	Undenheim	51
Sauerschwabenheim	41	Ungstein	112
Sausenheim	111		
Schierstein	27	Vendersheim	51
Schimsheim	49	Venningen	112
Schöneberg	81	Volxheim	60
Schornsheim	49		
Schwabsburg	49	Wachenheim a. d. H.	112
Schweppenhausen	81	Wachenheim a. d. Pfr.	69
Seebach	112	Wackernheim	42
Selzen	50	Wahlheim	60
Siebeldingen	112	Waldböckelheim	83
Siefersheim	59	Waldhilbersheim	83
Sobernheim	81	Waldlaubersheim	83
Sörgenloch	34	Waldülversheim	51
Sommerloch	82	Wallau	27
Sponheim	82	Wallertheim	51
Sponsheim	41	Wallhausen	83

	Seite		Seite
Walsheim	113	Wiesoppenheim	70
Weiler bei Bingerbrück	84	Windesheim	84
Weiler bei Monzingen	84	Winkel	24
Weinheim (Alzey)	60	Wintersheim	52
Weinolsheim	51	Winzenheim	85
Weinsheim b. Kreuznach	84	Wöllstein	61
Weinsheim (Worms)	69	Wörrstadt	52
Weisenau	35	Wolfsheim	52
Weisenheim am Berg	113	Wolfstein	92
Weisenheim am Sand	113	Wollmesheim	114
Welgesheim	60	Wonsheim	61
Wendelsheim	61	Worms	70
Westhofen	70		
Weyher	113	Zell	116
Wicker	27	Zornheim	35
Wiesbaden	27	Zotzenheim	61